色選びの基本と
センスが身につく！

配色
イメージ手帳

桜井輝子 監修

ナツメ社

　私たちの住む世界は、すべてのものに「色」がついています。実際には電磁波である光が物の表面で反射することによって色が見えるので、色の違いは波長の違いということになります。つまり「色」とはエネルギーそのものなのです！

「色」に意識を向け、上手に使いこなせるようになると、毎日がとても快適なものになります。たとえば、スタイルがよく見えるようにお洋服の色を組み合わせること。暑い夏は涼しく、寒い冬は暖かく感じられるようにインテリアの色を工夫すること。

　本書では、色を上手に組み合わせ、使いこなすためのコツとヒントをさまざまな角度からわかりやすくご紹介しています。ずっとお手元に置いていただき、存分にご活用ください。

桜井　輝子

Contents

はじめに …………………… 2

今日の気分は何色？
色彩心理テスト …………………… 6

赤 ……………	8	青 ……………	11
ピンク ………	8	水色 …………	11
オレンジ ……	9	紫 ……………	12
茶 ……………	9	白 ……………	12
黄色 …………	10	グレイ ………	13
緑 ……………	10	黒 ……………	13

第1章
色にはキャラクターがある …………… 15

混ぜるとインキは黒く光は白くなる ……………… 16
色を表すための3つのモノサシ …………………… 18
ひとつの色にたくさんの呼び方がある …………… 20
虹の輪で色の組み合わせを考える ………………… 22
イメージで色の組み合わせを考える ……………… 26
色ごとのイメージとバリエーション ……………… 28

カラーマップ

赤 ……………	29	青 ……………	33
橙 ……………	30	藍 ……………	34
黄 ……………	31	紫 ……………	35
緑 ……………	32	無彩色 ………	36

第2章
色のマジックを使いこなす 37

色が人の気持ちをゆさぶる 38
色が色を惑わせる 46
まだある色の不思議な働き 56

第3章
配色にはセオリーがある 59

| セオリー1 | 色相から考える 60
| セオリー2 | トーンから考える 64
| セオリー3 | 色を使いこなすテクニック 68
| セオリー4 | 欲しいイメージに合わせる 76

第4章
色使いでセルフプロデュース 87

今すぐ使える配色の新常識 88
苦手な色も使える！　着こなし配色テクニック 94

赤 96
ベージュ 98
青 100
オレンジ 102
ピンク 104
緑 106
黄 108

気分に合わせてネイルチェンジ 110
使えるネイルの上級配色テクニック 114

Contents

第5章
色のパワーで暮らしを楽しむ … 117

- インテリアカラーコーディネートのすすめ方 … 118
- テーブルカラーコーディネートで食事をおいしく … 124
- 気持ちを込めるフラワーカラーコーディネート … 128

第6章
パーソナルカラーで得意な色を発見 … 133

- パーソナルカラーチェックシート … 134
- Spring … 136
- Summer … 140
- Autumn … 144
- Winter … 148

第7章
自由に使えるカラーチャート200色 … 153

- カラーチャートの使い方 … 154

column
- ビジネスに使える色彩コミュニケーション … 14
- ピンクの呼吸法でリラックス&女子力アップ … 58
- 目の疲れの原因とされる、ブルーライトとは … 86
- ファッションの世界と流行色のしくみ … 116
- 色とりどりの野菜の色はフィトケミカルから … 132
- パーソナルカラー診断の注意点 … 152
- 平安時代の美しい色使い、かさねの色目 … 255

今日の気分は何色？
色彩心理テスト

あなたが選んだ色は心の状態を反映していると同時に、
今日一日あなたにパワーを与えてくれます。

赤
P.8へ

ピンク
P.8へ

オレンジ
P.9へ

黄色
P.10へ

青
P.11へ

茶
P.9へ

色彩による診断は統計的結果に基づいたもので、占いではありません。

全12色の中から、気になる色をインスピレーションで選んでください。診断結果は各ページへ。

白
P.12へ

緑
P.10へ

水色
P.11へ

グレイ
P.13へ

紫
P.12へ

黒
P.13へ

image word
◉ やる気アップ
◉ 前向き

赤を選んだ人は・・・

体の内側からパワーがみなぎって、やる気満々。スタミナも十分に備わっているときです。バイオリズムも上向きになっているので何事もスムーズに運び、気分よく上昇気流に乗れそうです。

赤のパワー

色あざやかに目を引きつける赤は、人を動かす前向きなパワーをもっています。いざというときや迷うようなときにも、赤のエネルギーがあなたの背中を押して前に踏み出す勇気をくれるでしょう。

image word
◉ 心の安定
◉ ときめき

ピンクを選んだ人は・・・

気持ちが安定、安心して満ち足りた状態です。また、気分が高揚しているときにもピンクの波動と同調しますので、弾むような胸の高鳴りは何かよいことが起こる前ぶれともいえるでしょう。

ピンクのパワー

心の安定を表すピンクには、イライラした気持ちを静めるパワーもあります。何か落ち着かないときに自然の花を飾ったり小物を身につけるなどして、ピンクの力を借りるのもよい方法です。

image word
- アクティブ
- 陽気

オレンジを選んだ人は・・・

アクティブな気分が高まりエネルギーが外に向かっているときです。心の状態に従って外へ飛び出すことで収穫が期待できそうです。積極的に誰かと会うと、やる気が加速されるかもしれません。

オレンジのパワー

オレンジはエネルギッシュなパワーを与えてくれると同時に、憂鬱な気分を吹き飛ばしてくれる色です。心が落ち込んだときにも、あなたを暖かく包み込み、勇気を与えてくれることでしょう。

image word
- リラックス
- 安心

茶を選んだ人は・・・

ゆったりと、おおらかな気持ちで過ごせるときです。気持ちが安定していますので、変に構えたり意地を張ったりしないで、ありのままの自分でいると、よりよい結果が期待できそうです。

茶のパワー

茶は大地を表し、豊かな実りを象徴する色です。この色を身近に置くことで、安心感を与えてくれることでしょう。思うような収穫が得られず、欲求不満が続くような場合にも効果的です。

image word
- 好奇心旺盛
- 人に甘えたい

黄色を選んだ人は・・・

コミュニケーション能力が高まり、知的好奇心が旺盛なときです。自分の知りたいこと、見たいこと、やりたいことを周囲に向かって積極的に発信すると、思いがけない展開が期待できそうです。

黄色のパワー

黄色は上手な自己表現の手助けをしてくれる色です。黄色に引かれるのは誰かに甘えたい願望が高まっているときでもあるので、色のパワーを借りて素直な気持ちを伝えるのもよいでしょう。

image word
- リフレッシュ
- バランスのとれた

緑を選んだ人は・・・

忙しい毎日から解放されたいと願っている状態です。リフレッシュが必要なときかもしれません。いつも緑を選ぶ人は、感情をコントロールできる精神的バランスのとれた人が多いようです。

緑のパワー

緑がもつバランスのとれた波動には、疲れを癒すリフレッシュ効果があります。自分らしい生き方を取り戻したいというときにも、おだやかな波動で心の軸を正す働きをしてくれます。

青を選んだ人は・・・

静かな水面のように心が落ち着いた状態です。物事を冷静に判断できるときなので、面倒な問題がある人は片づけてしまいましょう。責任感の強い人は、いつでも青を選ぶ傾向があるようです。

青のパワー

青はイライラした感情を静め、心身ともに落ち着かせてくれる色です。真っ青な空を見上げるだけでも力がもらえることでしょう。青は発熱や炎症などを癒すイメージもあるといわれています。

image word
- 落ち着き
- 冷静

水色を選んだ人は・・・

ナチュラルな素の自分でいるのがよいとき。意のままの心の声に従って過ごし、自然と大きな波に乗るのが理想的です。身辺をきれいにすると、今の自分がやるべきこともはっきりしそうです。

水色のパワー

水色は心の曇りを取り除き、清らかな気分を与えてくれる色です。水に浮いたり水の中にいると心が無になってゆったりできるように、水色に包まれていると呼吸が整って楽な気持ちになれます。

image word
- ナチュラル
- 清らか

image word
- クリエイティブ
- 癒されたい

紫を選んだ人は・・・

直感力が冴えています。インスピレーションに従って、芸術的なことに挑戦するのもよいでしょう。いつも紫を選ぶ人は、クリエイティブで美しいものを大切にする傾向があるようです。

紫のパワー

紫の波動には、癒しの効果があるといわれています。この色に引かれるときは心の充電を求めているときでもあるので、ひらめきを意識しながら感性を研ぎ澄まし、じっくりと次に備えましょう。

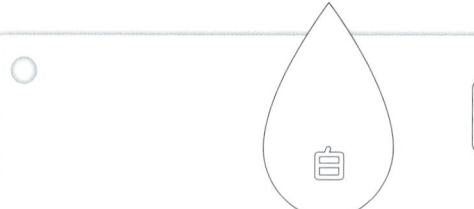

image word
- リセット
- チャレンジ

白を選んだ人は・・・

まっさらな気持ちに戻りたいと願っている状態です。余分な塵やほこりを払い落とし、次のステージにステップアップする好機かもしれません。一度身の回りのことをリセットしてみましょう。

白のパワー

白はみそぎの色。身を清めて新しいことにチャレンジしたいと思うとき、手助けをしてくれます。仕切り直して、一から始めたいというときも、白がもつ潔い波動に引かれることでしょう。

色彩心理テスト

image word
- ニュートラル
- あいまい

グレイを選んだ人は・・・

はっきり決められないモヤモヤした感情のとき、人はグレイの波動に引きつけられます。どっちつかずが悪いわけではありません。自分の状態に満足している人も、グレイを選ぶ傾向があります。

グレイのパワー

グレイは中立でかたよりのないニュートラルな色。あいまいな心を肯定してくれる色ともいえます。時がくれば道は見えてきますので、グレイの波動に身をゆだねて、スロー発進でいきましょう。

image word
- バリア
- 強く見せたい

黒を選んだ人は・・・

自分を強く見せたい、気を引き締めたいと思っているときに人は黒のもつ波動に引かれます。いつも黒を選ぶ人は、私情を挟まずに物事に取り組めるプロ意識が高い人ともいわれています。

黒のパワー

黒はバリアパワーがあり、自分を守る鎧の役割を果たしてくれる色です。自分の弱さを見せたくないとき、他人に自分の奥深くまで踏み込まれたくないときにもこの色に守ってもらいましょう。

ビジネスに使える色彩コミュニケーション

お客様の服の色から接客のヒントをもらう

　身につける色は、その人の好みや気分を表しています。服の色からお客様が求めていることを想像し、その人に合ったアプローチを考えてみましょう。例えば、かわいらしいものへの興味を表すピンクの装いの人にはキュートで女性らしい商品を勧めたり、高貴なものへの憧れや関心を示す紫を着た人には品質の良さを強調するのが効果的。外交的なオレンジを身につけた人とは会話を楽しみ、自己判断を優先する黒を着た人にはあまり口をはさまないようにするなど、色によって接客方法を変えると売上アップにつながるかもしれませんよ。

第 1 章

色にはキャラクターがある

色にはさまざまなイメージ、表し方、分け方があります。あなたの好きな色はどんなキャラクターなのか、考えてみましょう。

混ぜるとインキは黒く光は白くなる

キーワード
減法混色、加法混色

私たちが目にするほとんどの色は、2色以上の色を混ぜ合わせた混色で作り出されています。混色は混ぜるほど暗くなる減法混色と、混ぜるほど明るくなる加法混色の大きく2つに分けられます。

減法混色

・混ぜる色数が増えるほど明るさが減少するため、減法混色と呼ばれています。C（シアン）、M（マゼンタ）、Y（イエロー）が三原色になり（色料の三原色）、三原色を混色するとK(黒)に近い色になります。

■ **減法混色の使用例**

▷三原色とK（黒）のインキによるカラー印刷

▷絵の具やペンキ、染料などの色再現

加法混色

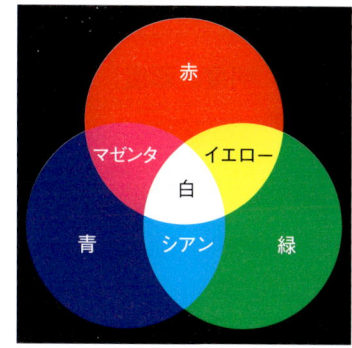

混ぜる光の色数が増えるほど明るくなるため、加法混色と呼ばれています。R（赤）、G（緑）、B（青）が三原色になり（光の三原色）、三色の光が同時に重なると、W（白）になります。

■加法混色の使用例

▷さまざまな色のスポットライト（同時加法混色）

▷テレビなどのカラーモニタ（併置加法混色）

▷風ぐるま（継時加法混色）

カラー印刷のしくみ

ポスターや写真などのカラー印刷は、色料の三原色であるC（シアン）、M（マゼンタ）、Y（イエロー）にK（黒）を加えた4色で印刷します。黒を使うのは、三原色を混色しても完全な黒ができないからです。4色のインキで重ね刷りをすると、きれいなカラー印刷ができあがります。これは、4色のインキによる無数の色点を、大きさや配列を変えて紙の上に配列することで、紙を見る人の目の中で混色が起き、さまざまな色に見えているからです。

第1章　色にはキャラクターがある

色を表すための3つのモノサシ

キーワード
色の三属性（色相、明度、彩度）

色には色相、明度、彩度という3つの性質があります。これらは色の三属性と呼ばれ、人が目にするすべての色を多くの人と共通して認識し合えるモノサシの役割を果たしています。

色を表現する方法

色相と明度と彩度はそれぞれ関連し合って、私たちに特定の印象を与えています。色を表現するときには、ひとつの性質だけを取り上げるのではなく、三属性の相互関係を三次元的に捉える必要があります。

■ **明度**

色の明るさの度合い。白に近い色ほど明度が高く、黒に近い色ほど明度が低くなります。明るい色は高明度色、暗い色は低明度色、どちらでもない中間の色は中明度色といいます。

無彩色と有彩色

色は、色みのある有彩色と、白、灰色、黒のように色みのない無彩色の大きく2つに分けることができます。有彩色は色の三属性（色相、明度、彩度）3つすべてをもつのに対し、無彩色はその中の明度だけをもつのが特徴です。また、有彩色は赤系、黄系など、色み（色相）ごとに分類することができます。身近なものでは、モノクロ写真は無彩色だけで表現され、カラー写真は有彩色と無彩色の両方で表現されています。

■ 彩度

色のあざやかさ。彩度が高いほど色みが強く、彩度が低いほど色みは弱くなります。あざやかな色は高彩度色、色みが少ない色は低彩度色、中間のややくすんだ色は中彩度色といいます。

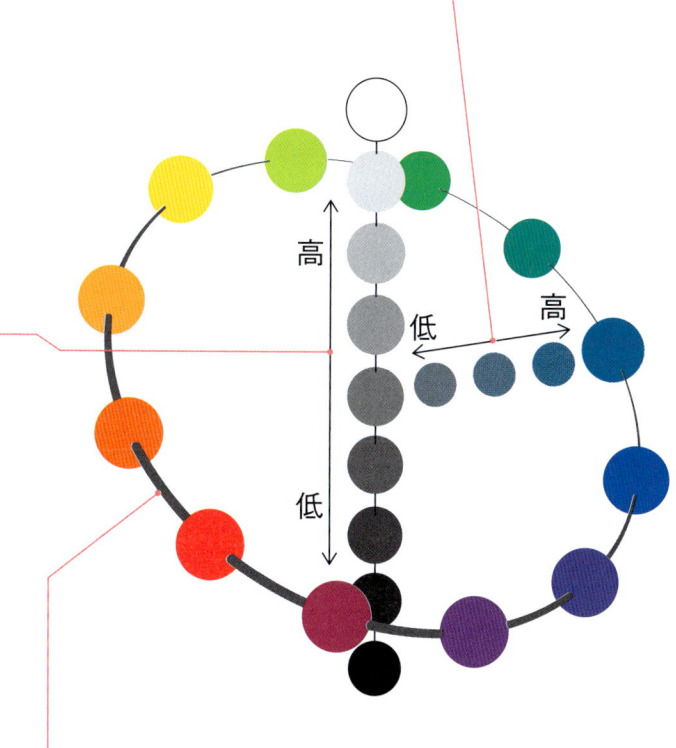

■ 色相

色みの性質。色あい。色を特徴づける赤、緑、青、紫などの色み。色相は、色の違いを最も表現しやすい属性で、もののイメージを大きく左右します。

ひとつの色にたくさんの呼び方がある

PCCS、マンセル表色系、JIS

色彩の世界では下のように、同じ色でも複数の呼び方が存在します。PCCS（日本色研配色体系）、マンセル表色系、JIS（日本工業規格）は、いずれも色の表示方法として代表的なものです。

色の表し方は大きく分けて2種類

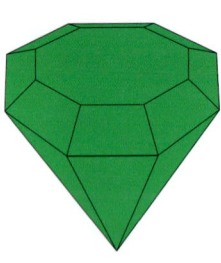

表色系で表す

■v12
PCCSの表し方。vは色のトーン、数字の12は色相を表しています。

■4G6/8
マンセル表色系の表し方。4Gは色相、6/8は明度と彩度を表しています。

色名で表す

■つよい緑
JISの系統色名。基本色名の緑に、修飾語を組み合わせています。

■エメラルドグリーン
JISの慣用色名。慣用色名はものの名前などからつけられた色名です。

　色の表示方法は、表色系による方法と色名による方法の大きく2つの方法があります。表色系とは、色を数値や記号などで表せるように体系化したもの。PCCSとマンセル表色系がこれに当たります。色名は、JISが定めた系統色名と慣用色名が日本では最も一般的に使われています。系統色名とは、赤、青などの基本的な色相を表す基本色名に修飾語をつけたものです。

代表的な色の表し方とその特徴

第1章 色にはキャラクターがある

配色を考えるときに便利なシステム

PCCS

トーン（明度と彩度を合わせた概念）を採用しているのが特徴。配色のイメージを描くときなどに適しています。

色の特徴を多くの人と共通認識できる方法

慣用色名（JIS）

身近にあるものの名前になぞらえて色を表すため、最もわかりやすい表現方法といえます。

色を正確に指定、伝達できるのがメリット

マンセル表色系

色の三属性すべてを記号や数値で表記できるため、工業製品の色指定、デザイン分野などで広く利用されています。

色の指定に使用される色見本の例

そのほかの色の表し方

世界にはほかにもさまざまな表色系（色の表し方）があります。国際的にも、1977年に開催された国際色彩学会（AIC）以降、さまざまな提案がなされてきました。現在、世界的に使われているシステムとして、CIE（国際照明委員会）による色光の混合量に基づく*XYZ*表色系、人間の心理的な知覚量を基準にして色を表す、スウェーデンのNCS（Natural Color System）などがあり、用途に応じて使い分けられています。

虹の輪で色の組み合わせを考える

キーワード　色相環、補色

色相環とは、その名の通り色の環(わ)のことです。補色とは色相環で真正面に向かい合う色同士のこと。配色を考える上で基本となる、色相環について理解しておきましょう。

色相環

　色相環を構成する色相は、スペクトルから成り立っています。スペクトルとは虹の帯のことで、光の色が赤→橙→黄→緑→青→藍→青紫の順に変化します。

　スペクトルの両端をつなげて環にしようとするとき、色相を連続して循環させるために、スペクトルにはない紫と赤紫を加えます。この環が色相環となります。

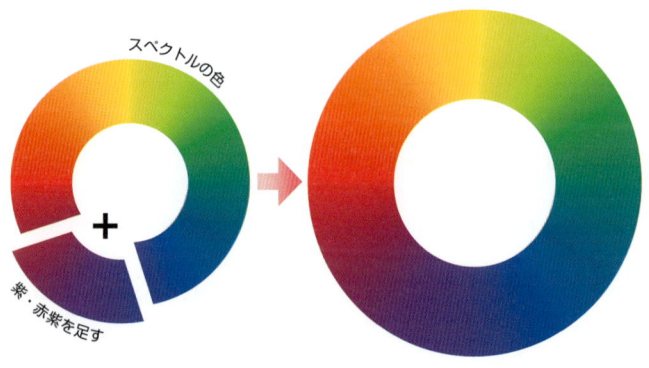

スペクトルの色

紫・赤紫を足す

補色

　色相環では、基本的に対向位置にある色同士を補色といいます。対向位置にある色同士は色みの差が最も大きいため、お互いの色を引き立て合う関係になることが多く、この効果はデザインなどに広く応用されています。

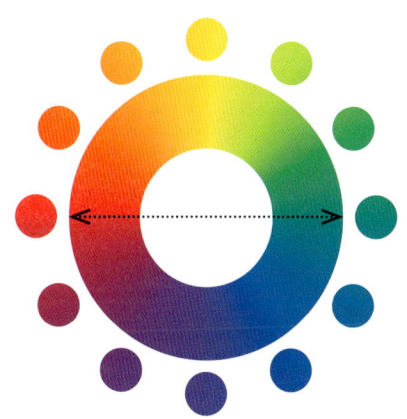

虹の色

太陽の光を、プリズムを使ってそれぞれの波長ごとに分光したのはニュートンです。ニュートンはこの人工的につくった虹（スペクトル）を、赤から青紫までの7色と定義しました。日本でもこの定義が浸透し、虹の両端は赤と青紫と決まっています。

第1章　色にはキャラクターがある

PCCS色相環

色の組み合わせを考える際に便利なのが、日本色彩研究所が開発したPCCS（日本色研配色体系）です。

[PCCS色相環]

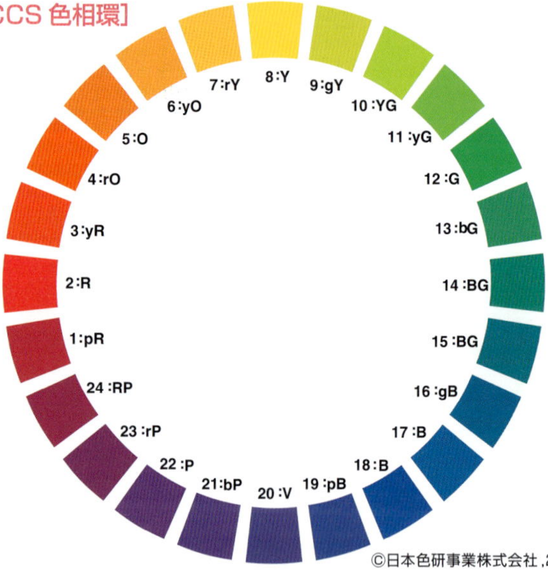

©日本色研事業株式会社,2014

数字とアルファベットの意味

PCCS色相環では1〜24の色相番号とアルファベットで色相を表しています。たとえば、「1:pR」は色相番号1番目、色相名「紫みの赤」（英名「purplish red」）を指します。

紫みの赤です

色相名

1:pR

[色相一覧表(PCCS24色 色相環)]

基本色名	色相番号	色相記号	色相名 (系統色名)	英名
赤	1	pR	紫みの赤	パープリッシュレッド purplish red
赤	2	R	赤	レッド red
赤	3	yR	黄みの赤	イエローイッシュレッド yellowish red
燈	4	rO	赤みの橙	レディシュオレンジ reddish orange
燈	5	O	橙	オレンジ orange
燈	6	yO	黄みの橙	イエローイッシュオレンジ yellowish orange
黄	7	rY	赤みの黄	レディシュイエロー reddish yellow
黄	8	Y	黄	イエロー yellow
黄	9	gY	緑みの黄	グリニッシュイエロー greenish yellow
黄緑	10	YG	黄緑	イエローグリーン yellow green
緑	11	yG	黄みの緑	イエローイッシュグリーン yellowish green
緑	12	G	緑	グリーン green
緑	13	bG	青みの緑	ブルーイッシュグリーン bluish green
青緑	14	BG	青緑	ブルーグリーン blue green
青緑	15	BG	青緑	ブルーグリーン blue green
青	16	gB	緑みの青	グリニッシュブルー greenish blue
青	17	B	青	ブルー blue
青	18	B	青	ブルー blue
青	19	pB	紫みの青	パープリッシュブルー purplish blue
青紫	20	V	青紫	バイオレット violet
紫	21	bP	青みの紫	ブルーイッシュパープル bluish purple
紫	22	P	紫	パープル purple
紫	23	rP	赤みの紫	レディシュパープル reddish purple
赤紫	24	RP	赤紫	レッドパープル red purple

第1章 色にはキャラクターがある

イメージで色の組み合わせを考える

キーワード
トーン、PCCSトーン分類表

明度と彩度を複合して捉えるトーンは色調とも呼ばれ、色の調子やイメージを表します。トーンにはそれぞれ名前がつけられていて、イメージをヒントに配色を考える際に活用できます。

PCCS トーン分類表

PCCSトーン分類表は無彩色を5種類、有彩色を12種類のトーンに分類しています。有彩色の色相はすべて24色ずつありますが、分類表にあるトーンの概念図では、色相番号が偶数の12色の代表色のみ掲載されています。

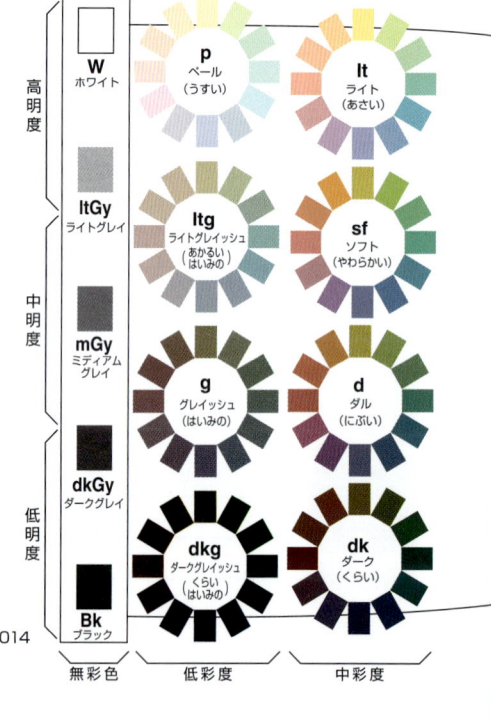

©日本色研事業株式会社, 2014

色数が多いときはトーンを揃えて

| b4 | b8 | b10 | dk4 | v8 | lt10⁺ |

まとまりがある　　まとまりがない

同じトーンの色は、色相が違っても同じ印象を与えます。配色を考える際はトーンを揃えると、まとまりやすくなります。

第1章　色にはキャラクターがある

高彩度

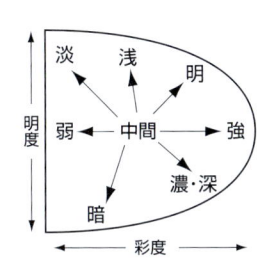

明度／彩度

淡　浅　明
弱　中間　強
　暗　濃・深

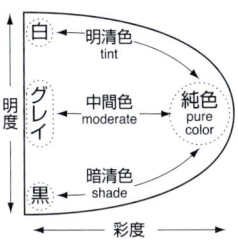

白 — 明清色 tint
グレイ — 中間色 moderate — 純色 pure color
黒 — 暗清色 shade

明度／彩度

トーンの概念図の見方

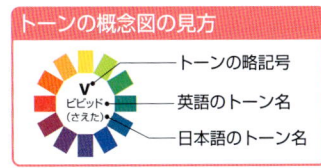

- トーンの略記号
- 英語のトーン名
- 日本語のトーン名

色ごとのイメージと
バリエーション

色にはそれぞれ異なったイメージがあります。同じ色相であっても、明度と彩度が異なるだけでさまざまな色みのバリエーションが生まれ、三属性の変化にともなってイメージも変化します。

カラーマップ

カラーマップは、色相と明度の変化を表したものです。たとえば、同じ「赤」というカテゴリーに入る色でも、明度が高くなるとやわらかいイメージになり、明度が低くなると硬いイメージになるなど、イメージが変化します。この図で、色ごとの相関関係を見ていきましょう。

伝統色のバリエーション

日本では江戸時代後期、庶民が身につける色は「茶」、「鼠」、「藍」の範囲に限定されていました。江戸の人々はその中で繊細な色の違いを楽しみ、多様なバリエーションを生み出しました。その色数の多さから、「四十八茶百鼠」と呼ばれています。

[しじゅうはっちゃひゃくねず
四十八茶百鼠の例]

茶鼠　　利休鼠

納戸色　　海老茶

赤

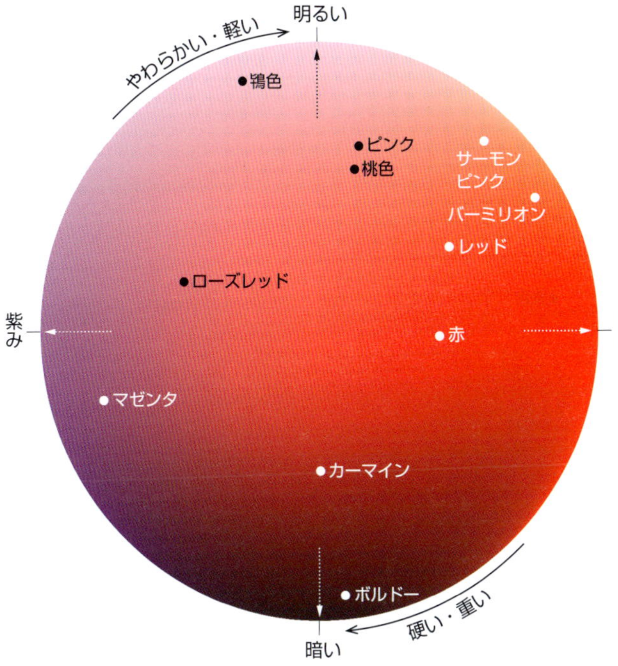

明るい

やわらかい・軽い

- 鴇色
- ピンク
- 桃色
- サーモンピンク
- バーミリオン
- レッド
- ローズレッド
- 赤

紫み　　　　　　　　　　　　　　　　　　黄み

- マゼンタ
- カーマイン
- ボルドー

硬い・重い

暗い

第1章　色にはキャラクターがある

　太陽、炎、血、情熱などを連想させ、女性を象徴することもあります（男性は青や黒）。食欲アップや興奮などのイメージ効果があり、飲食店の看板やバーゲンにも欠かせない色です。

橙

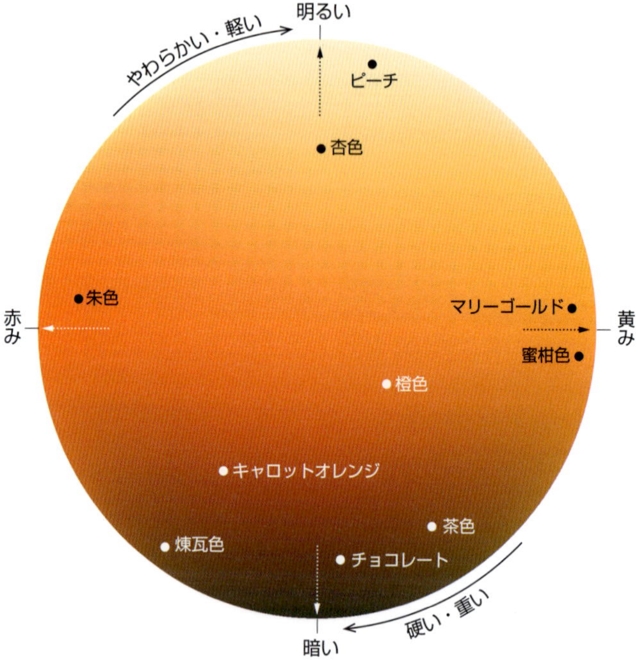

明るい
やわらかい・軽い
　　・ピーチ
　　・杏色
赤み ←　・朱色　　　　　マリーゴールド・ → 黄み
　　　　　　　　　　　　　蜜柑色・
　　　　　　・橙色
　　　・キャロットオレンジ
・煉瓦色　　　　　　　・茶色
　　　・チョコレート
硬い・重い
暗い

柑橘類の果皮の色。みかんやオレンジのイメージに直結します。陽気、元気、ビタミンなどの健康的な言葉を連想させる色です。また、朝日や夕日を象徴する色でもあります。

黄

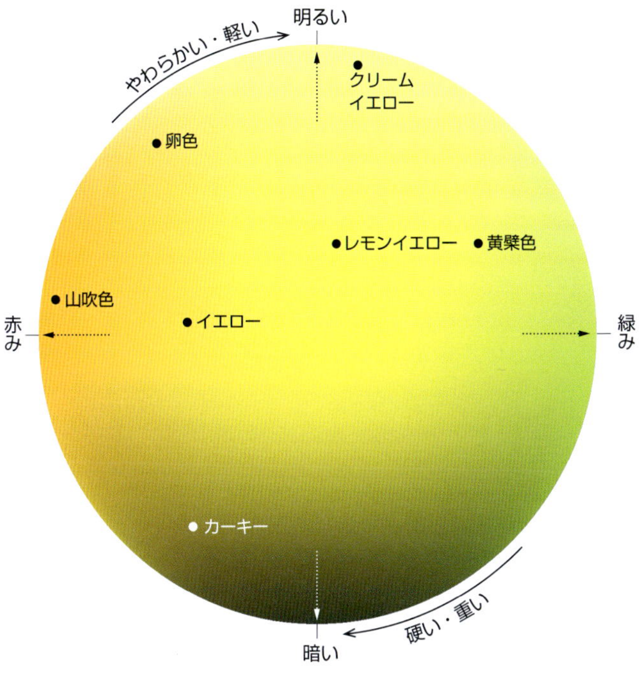

明るい

やわらかい・軽い

● クリームイエロー

● 卵色

● レモンイエロー ● 黄檗色

赤み ← ● 山吹色　● イエロー → 緑み

● カーキー

硬い・重い

暗い

第1章　色にはキャラクターがある

有彩色の中で最も明るく、見ているだけで気分がはつらつとする色です。連想するイメージは光、希望、明朗、快活など。果物のレモンを連想し、酸っぱさを感じさせることもあります。

緑

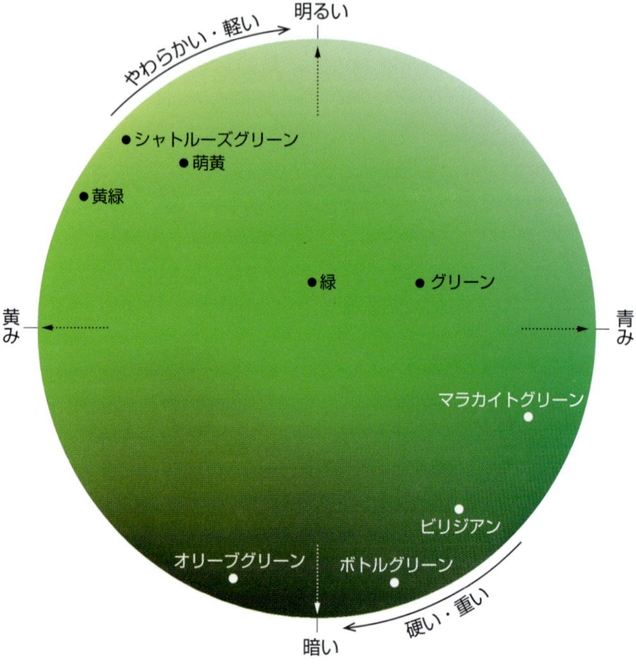

やわらかい・軽い　明るい

- シャトルーズグリーン
- 萌黄
- 黄緑
- 緑
- グリーン
- マラカイトグリーン
- ビリジアン
- オリーブグリーン
- ボトルグリーン

黄み　青み

硬い・重い　暗い

　草木、自然、環境、生命力などをイメージさせる色です。緊張を緩和して安心感やリラックスを与える心理的効果があります。黄緑は草花の芽吹きや春の訪れをイメージする色でもあります。

明るい

やわらかい・軽い

● ベビーブルー

● ターコイズブルー

● 青磁色

緑み ← ・・・・・・・・・・・・・・・・・・・→ 紫み

● ブルー

○ 瑠璃色

● ナイルブルー   ● サックスブルー

● マリンブルー

硬い・重い

暗い

第1章 色にはキャラクターがある

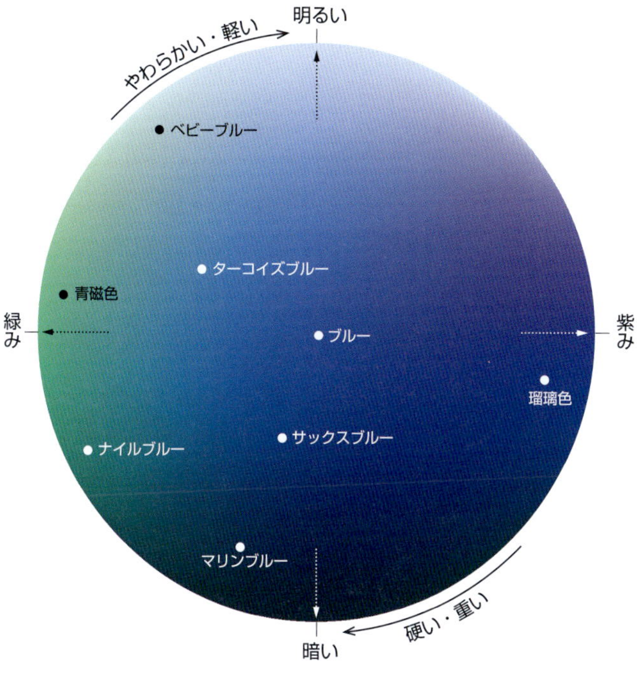

　空や海の色であり誠実、冷静、理知的、落ち着きなどの印象を与える色です。孤独や寂しさのイメージを表すこともあります。集中力を高める心理的効果があるとされています。

藍

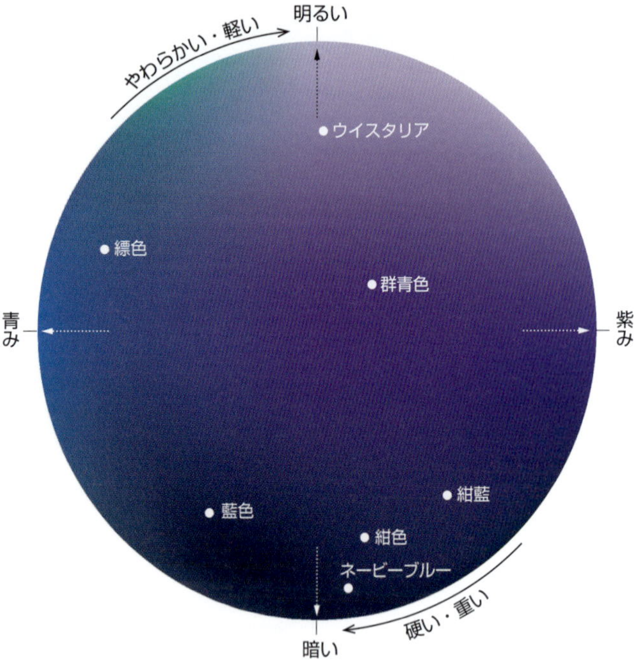

明るい ↑

やわらかい・軽い

●ウイスタリア

●縹色

●群青色

青み ←→ 紫み

●藍色

●紺藍
●紺色
●ネービーブルー

硬い・重い →

↓ 暗い

古くから使われていた植物の藍からとる染料に由来する色です。重厚なイメージがあり、深い海や宇宙を連想させる色でもあります。デニムの色としてもおなじみです。

紫

明るい

やわらかい・軽い

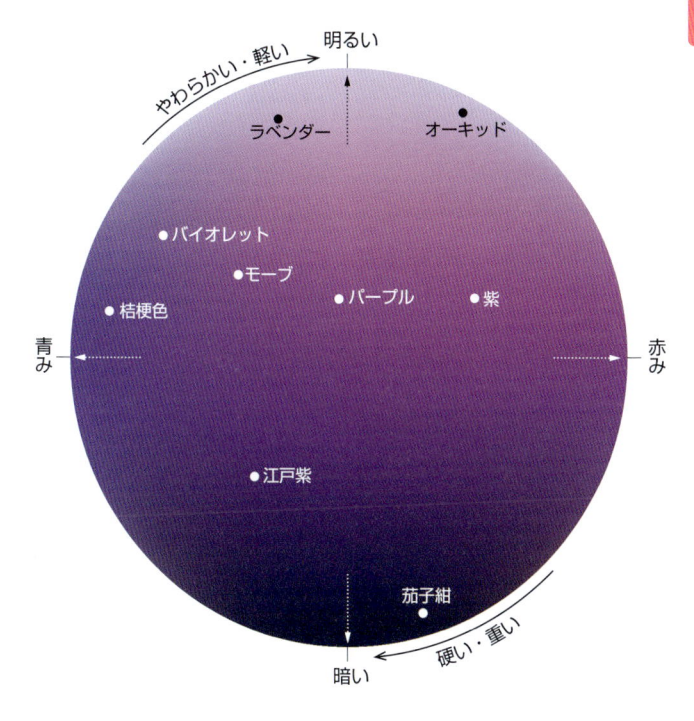

- ラベンダー
- オーキッド
- バイオレット
- モーブ
- 桔梗色
- パープル
- 紫

青み ← → 赤み

- 江戸紫
- 茄子紺

硬い・重い

暗い

第1章　色にはキャラクターがある

　高貴な色として扱われてきた歴史があり、品位や品格を感じさせる色です。赤と青の混色でもあることから、情熱と孤独、興奮と冷静などの相反するイメージを内に秘めています。

無彩色

白のイメージ

　無邪気、無垢、純粋などのイメージがあり、清楚で清潔な印象を与える色です。人々が罪やけがれを清めるみそぎの象徴でもあり、神事の色として神聖なものに多く使われます。

黒のイメージ

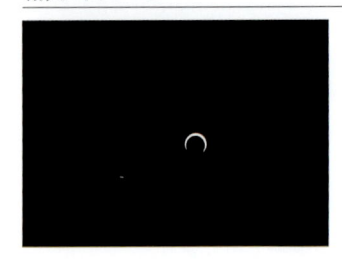

　日本では葬儀の色として闇や死を連想させますが、有彩色を最も引き立たせ、モダンな雰囲気や高級感が出せる色です。白と黒は勝敗、善悪など表裏を象徴する色としても使われます。

グレイのイメージ

　白と黒の中間であることから、どちらにも順応できる協調性を表す色です。はっきりしないイメージもありますが、おだやかで控えめな雰囲気や、上品で落ち着いた印象を与えます。

第 2 章

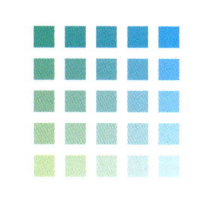

色のマジックを使いこなす

色は視覚に限らず

人の感覚に働きかけます。

不思議な色の効果を知ることで、

色をもっと身近に感じられます。

色が人の気持ちをゆさぶる

キーワード
暖色、寒色、中性色、進出色、後退色、膨張色、収縮色

私たちは意識するしないにかかわらず色からさまざまな影響を受けています。色には人の五感に関わる感情や感覚を刺激する働きがあるからです。色がもつ心理的・生理的効果を見ていきましょう。

暖かい色と涼しい色

Q 暖かく、または涼しく見えるのはどの服ですか？

A 同じ服でも🅐🅓は暖かく、🅑🅒は涼しく見えます

　色がもつ心理的・生理的効果は色の三属性すべてが関係していますが、中でも人が感じる温度感と非常に関係が深いのが色相です。その色を見たときに暖かく感じる色を暖色、涼しく感じる色を寒色、どちらとも感じられない色を中性色と呼びます。

　赤～黄系統は暖色のため🅐🅓は暖かく見えます。青緑～青系統は寒色のため🅑🅒は涼しく見えます。黄緑～緑系統と紫系統は中性色のため🅔は暖かくも涼しくも見えません。暖色は食欲を増進させ、寒色は食欲を減退させる色ともいわれています。

第2章　色のマジックを使いこなす

暖色
（赤～黄系）

寒色
（青緑～青系）

中性色
（黄緑～緑系）

飛び出す色と凹む色

Q どちらのドアが近く見えますか？

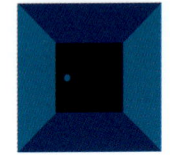

- Ⓐ
- Ⓑ

A 同じ距離でも❸のほうが近く見えます

　色相は距離感にも影響をおよぼします。同じ距離でも❸のほうが近く見えるのは、赤が飛び出しているように感じる色だからです。対する❹の青は、凹んでいるように見えます。

　前に飛び出して見える色を進出色、後ろに引っ込んで見える色を後退色と呼びます。これには色の波長の長さが関係し、波長の長い赤や橙は近く、波長の短い青や青紫は遠く感じます。

進出色
（波長が長い色）

後退色
（波長が短い色）

軽い色と重い色

Q どちらのスーツケースが重そうに見えますか？

Ⓐ　　　　　　　　Ⓑ

A 同じスーツケースでもⒷのほうが重く見えます

　見た目の重量感には明度が関係します。明度が高い色ほど軽そうに見え、明度が低い色ほど重そうに見えます。色相や彩度が違っても、明度が同じだと見た目の重さはほぼ変わりません。

　同じスーツケースでもⒷのほうが重く見えるのは、明度が低いからです。最も明度の差が大きい白と黒で比較すると、同じ重さでも黒のほうが約2倍重く感じるというデータもあります。

軽く見える色
（明度が高い色）

重く見える色
（明度が低い色）

第2章　色のマジックを使いこなす

硬い色とやわらかい色

Q どちらのソファがやわらかそうに見えますか？

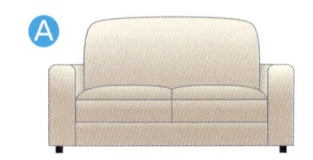

Ⓐ　　　　　　　Ⓑ

A 同じソファでもⒶのほうがやわらかく見えます

　明度の差は、感触の印象にも影響します。明度が高い色ほどやわらかく見え、明度が低い色ほど硬く見えます。明度が高いⒶのソファのほうがやわらかく見えるのはそのためです。

　この効果を利用し、ベビー用品などにはやわらかいイメージの明度の高いパステルカラーがよく使われます。逆に、硬く丈夫に見せたい工業用品などには明度の低い色がよく使われます。

■ やわらかく見える色

明度の高い色を使ったベビー服

■ 硬く見える色

明度の低い色を使ったダンベル

大きい色と小さい色

Q どちらのカップが大きく見えますか？

Ⓐ　　Ⓑ

A 同じカップでもⒷのほうが大きく見えます

　同じ大きさでもサイズが違って見えるのは、やはり明度が影響しています。Ⓑのカップのように大きく見える色を膨張色、Ⓐのカップのように小さく見える色を収縮色と呼びます。

　色は明度が高いほど膨らんで大きく見え、低いほど収縮して小さく見えます。このため、碁石は白の石をひとまわり小さくして、同じ大きさに見えるように作られています。

明度が異なる

明度が高い黄色のほうが大きく見える

明度が同じ

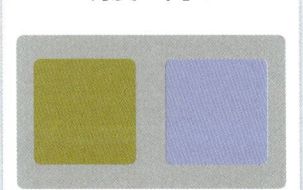

明度が同じだと同じ大きさに見える

第2章　色のマジックを使いこなす

興奮する色と落ち着く色

Q 落ち着いて見えるのはどちらですか？

Ⓐ　　　　　　　　　Ⓑ

A 同じネクタイでもⒶのほうが落ち着いた印象を受けます

　色相と彩度が生み出す色の効果に、興奮感と沈静感があります。人は暖色系で彩度の高い色を見ると興奮感を覚え、寒色系で彩度の低い色を見ると沈静作用が働く傾向があります。

　Ⓐのほうが落ち着きを感じるのは、彩度の低い寒色だからです。沈静感のある紺色のスーツなども落ち着きを与え、逆に闘牛の赤い布など興奮感のある色は見る人の高揚を促します。

興奮感のある色
（彩度が高い暖色）

沈静感のある色
（彩度が低い寒色）

派手な色と地味な色

Q 派手に見えるのはどちらですか?

Ⓐ　　　　Ⓑ

A 同じ帽子でもⒶのほうが派手な印象を受けます

　派手か地味かを決定づけるのは、色の彩度です。彩度が高い色ほど派手な印象を与え、彩度が低い色ほど地味に見えます。そして、これらには色相はあまり影響しないのが特徴です。

　たとえばⒶとⒷは同じ色相ですが、彩度の高いⒶは派手、彩度の低いⒷは地味な印象になります。日本の伝統色の中にも彩度の低いものが多くあり、「わび・さび」を感じさせます。

派手な色
（彩度が高い色）

地味な色
（彩度が低い色）

第2章　色のマジックを使いこなす

色が色を惑わせる

キーワード
明度対比、色相対比、彩度対比、補色対比
縁辺対比、継時対比、面積効果、明度の同化
色相の同化、彩度の同化

私たちが色を見るとき、隣り合う色同士がお互いの影響を受けて、本来の色とは違った見え方をすることがあります。どのような場合にこうした現象が起こるのか理解しておきましょう。

異なる色が影響しあう

【対比】　【同化】　【混色】

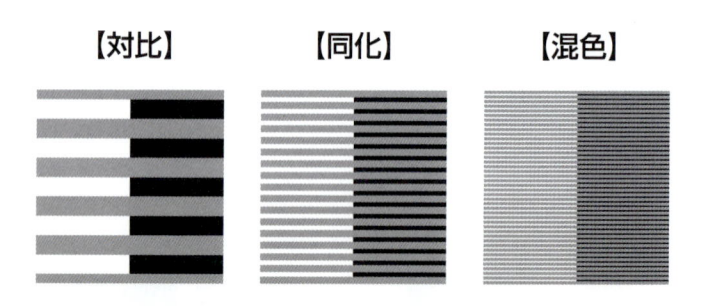

 2色の背景に異なる色を挿入した場合、挿入の方法によってさまざまな現象が起こります。左の図では、背景の色と挿入した色との違いが強調されて見える対比が起きています。

 逆に中央の図では、色の違いが弱まる同化が起きて、黒に挿入した色は暗く、白に挿入した色は明るく見えます。右の図では、離れて見るとひとつの色に見える混色が起きています。

対比 1

明るく見えたり暗く見えたり

第2章 色のマジックを使いこなす

Q どちらの星が明るく見えますか？

Ⓐ

Ⓑ

A Ⓑのほうが明るく見えますが同じ色です

　同じ色の星の明るさが違って見えるのは、背景色との明度対比が起きているためです。明度の異なる2色を組み合わせると、明度対比によって、明度が高いほうの色は明るく、明度が低いほうの色は暗く見えます。Ⓐは明度の高い白に囲まれているため、星の色が本来よりも暗く見え、Ⓑは明度の低い黒に囲まれているため、星の色が本来よりも明るく見えています。

背景色の明度が高い
↓
星が実際より暗く見える

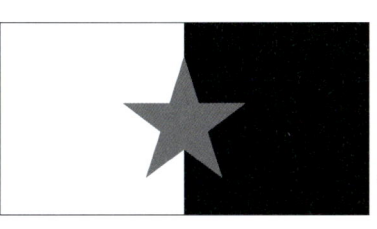

背景色の明度が低い
↓
星が実際より明るく見える

対比2
もっと違う色に見えてくる

> **Q** 青みが強いハートはどちらですか？

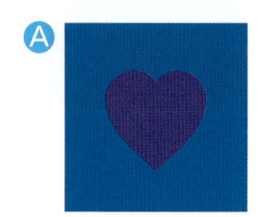

Ⓐ　　　　　Ⓑ

> **A** Ⓑのほうが青みを帯びて見えますが同じ色です

　同じ色なのに、色みが違って見えるのは、背景の色相が異なるからです。これを色相対比といいます。色相対比には、背景色の心理補色が影響しています。

　Ⓑのほうが青みが強く見えるのは、補色残像の影響でハートの色（v20）が背景色（v24）の心理補色（v12）のほうへずれて見えるためです。結果として、背景色と反発するように青みが増して見えるのです。

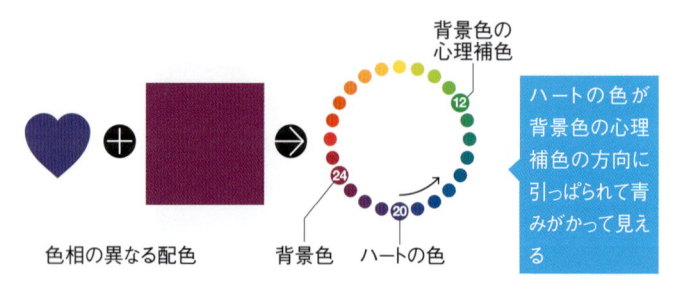

色相の異なる配色　背景色　ハートの色

背景色の心理補色

ハートの色が背景色の心理補色の方向に引っぱられて青みがかって見える

対比 3

■■ あざやかだったりくすんで見えたり

第2章 色のマジックを使いこなす

Q どちらのクラブがくすんで見えますか？

Ⓐ　　　Ⓑ

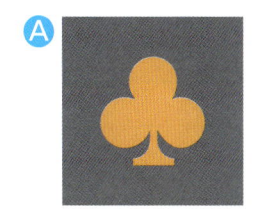

A Ⓑのほうがくすんで見えますが同じ色です

　中央の図が同じ色でも、周りの色の彩度が低いほど中央の色はあざやかに見え、周りの色の彩度が高いほど中央の色はくすんで見えます。この現象を彩度対比といいます。Ⓑのほうは彩度の高い色に囲まれているため、クラブの色が本来よりもくすんで見えています。これに対し、Ⓐの背景は無彩色で彩度をもたないので、クラブの色は本来よりもあざやかに見えています。

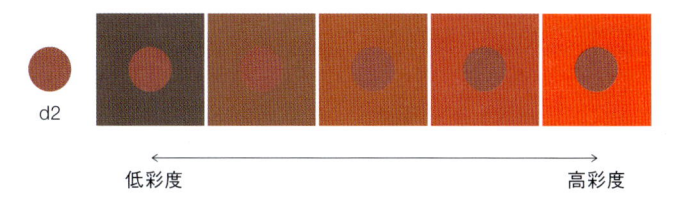

d2

低彩度　→　高彩度

d2 が左にいくほど本来よりもあざやかに、右にいくほどくすんで見える

対比 **4**

ぐっとあざやかに見える

Q どちらのスペードがよりあざやかに見えますか？

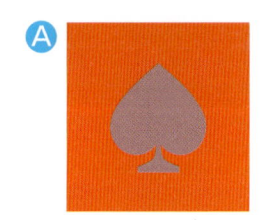

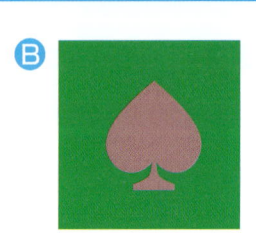

Ⓐ　　　　　　　　Ⓑ

A Ⓑのほうがあざやかに見えますが同じ色です

　色相環上で補色関係にある色同士を組み合わせると、お互いを引き立て合ってぐっとあざやかに見えます。この現象を補色対比と呼びます。Ⓑのスペードのほうがよりあざやかに見えるのは、背景の色とスペードの色が補色関係にあるからです。彩度が高く明度が同じ補色の場合は、色の境目がギラついて見えにくくなるハレーションが起こるので注意が必要です。

スペードの色相　Ⓑの背景の色相

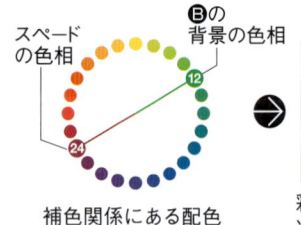

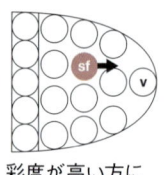

補色関係にある配色　→　彩度が高い方に近づいて見える

スペードの色（sf24）が本来よりもあざやかに見える

対比 5

境目の色が違って見える

Q 色の境目はどう見えますか？

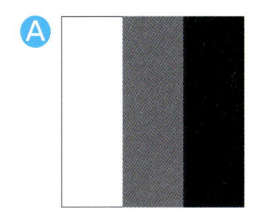

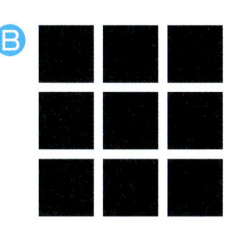

Ⓐ　　　　　　　　　Ⓑ

A Ⓐは境目の色の明度が変わって見え、Ⓑは境目の十字路の中心が暗く見えます

　異なる色の境目で起こる対比現象を縁辺対比といいます。Ⓐの図の中央のグレイに注目すると、縁辺対比の影響で黒と接する辺は白っぽく明るく見え、白と接する辺は暗く見えています。

　Ⓑは白い十字路の交差点にグレイの点が見えます。これも縁辺対比の影響によるものです。この図形はハーマングリッドと呼ばれています。また、縁辺対比は明度対比の一種です。

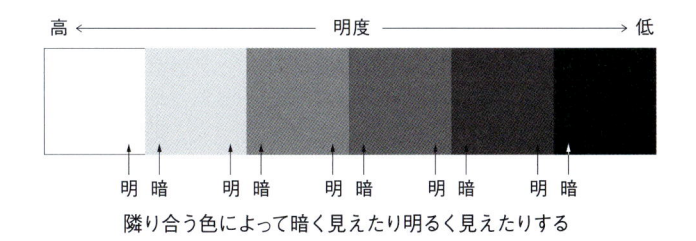

高 ← 明度 → 低

明 暗　明 暗　明 暗　明 暗　明 暗

隣り合う色によって暗く見えたり明るく見えたりする

第2章　色のマジックを使いこなす

対比 6
■■■ ないものが見えてくる

> **Q** 左のダイヤを1分ほど見てから右の●を見ると何が見えますか？

> **A** 黄色の補色残像が見えます

　補色残像とは、心理補色の関係にある片方の色を見たあと、色相環上で対向位置にあるもう片方の色が浮かび上がってくるように見える現象です。左のダイヤをしばらく見たあとに、右の図に目を移すと、ぼんやりと黄色のダイヤが見えるのは、紫と黄色が心理補色の関係にあるためです。これは、時間と関係する対比現象で、継時対比と呼ばれています。

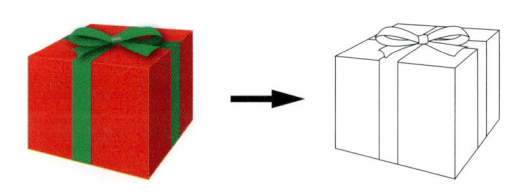

左の図を1分ほど見てから右の図を見ると緑の箱に赤いリボンがかかって見えます

対比 7

大きいものほど鮮明に見える

Q どれが一番はっきりして見えますか?

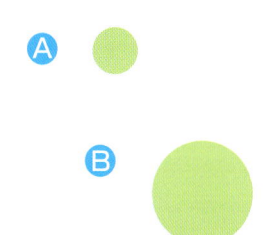

Ⓐ
Ⓑ
Ⓒ

A 面積の大きいⒸがはっきりして見えます

　同じ色でも、面積が変わるだけで色の見え方に違いが生じる場合があります。これを面積効果といいます。一般的に色は、面積が大きいほど明度と彩度が高く感じられます。同じⒶⒷⒸの色のうち、Ⓒが一番はっきりして見えるのもそのためです。色見本と実際の商品の色の印象が異なって感じられることがあるのも、面積効果が影響している場合があります。

カーテンやコートなど、面積の大きなものは、実際の大きさで確認して色を決めましょう

第 2 章　色のマジックを使いこなす

[同化]
相手の色に近づいていく

Q 背景の色がどう変わって見えますか？

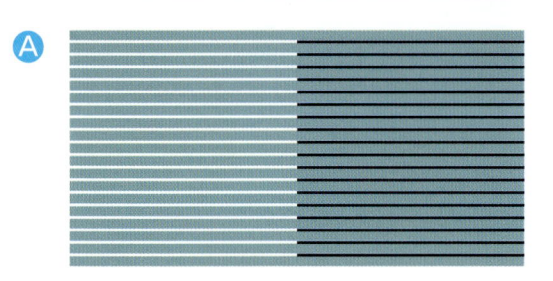

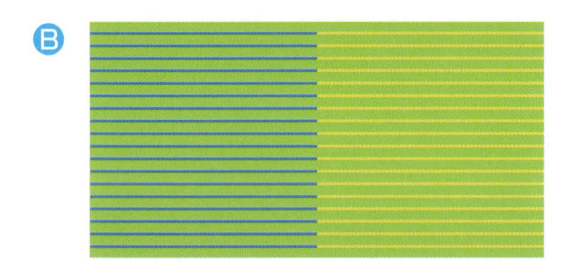

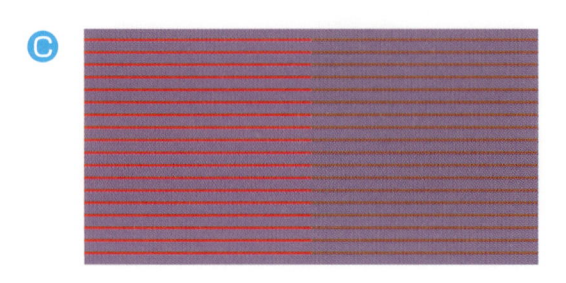

Ⓐ

Ⓑ

Ⓒ

A それぞれ挿入された色の🅐明度、🅑色相、🅒彩度に近づいて見えます

第2章　色のマジックを使いこなす

🅐 背景の色 ＋ 明るく見える / 暗く見える

ある色が、挿入された色の明度に近づいて見える現象を明度の同化といいます。図はそれぞれ左側は明るく、右側は暗く見えています。

🅑 背景の色 ＋ 青みを帯びて見える / 黄みを帯びて見える

ある色が、挿入された色の色相に近づいて見える現象を色相の同化といいます。図はそれぞれ左側は青みがかって、右側は黄みがかって見えています。

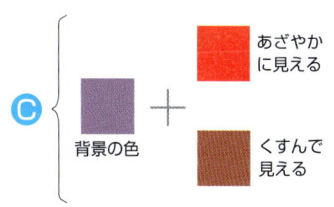

🅒 背景の色 ＋ あざやかに見える / くすんで見える

ある色が、挿入された色の彩度に近づいて見える現象を彩度の同化といいます。図はそれぞれ左側はあざやかに、右側はくすんで見えています。

※これらの同化現象は、挿入する線の太さや数によっては対比現象や混色に転じることもあります。(→ P.46)

身近にある同化

私たちは普段の生活で、同化現象をごく普通に目にしています。たとえばスーパーの野菜売り場に並ぶ、ネットで包まれたオクラやみかん。これらは食材がネットの色に同化することで、よりおいしそうに見える視覚効果を利用したものです。

まだある色の不思議な働き

> **キーワード**
> 誘目性、視認性

私たちの身近にあるありとあらゆるものに、色の働きが利用されています。その中でも看板や広告などの視覚伝達デザインに多く使われる、誘目性と視認性について理解しておきましょう。

人目を引きつける色

Q どれが一番目立って見えますか？

Ⓐ SALE　　Ⓑ SALE　　Ⓒ SALE

A Ⓑが最も注目されやすいです

　見る人の関心にかかわらず、人目を誘う色の働きを誘目性といいます。基本的に寒色系より暖色系、低彩度より高彩度の色のほうが誘目性が高く、より目立って人の視線を引きつけます。

　しかし、高彩度の暖色系の色が広い面積を占める中に、寒色系の色や無彩色が小さく存在するときなどは、寒色系の色や無彩色が注目されるという場合もあります。

探すときに見つけやすい色

Q 黄色の花はどちらが見つけやすいですか?

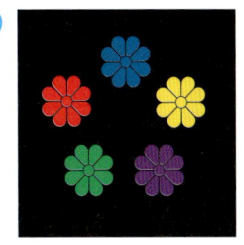

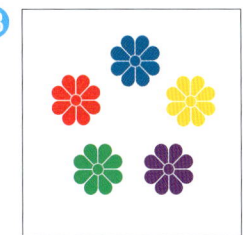

Ⓐ　　　　　　　　　Ⓑ

A Ⓐのほうが見つけやすいです

　探すことに注意を向けている人の目を引きつける色の働きを視認性といいます。背景との明度の差が大きいほど、視認性は高くなります。

　Ⓐの黄色の花のほうが見つけやすいのは、明度の低い黒の背景が明度の高い黄色を引き立てているからです。同じ色の花でも、Ⓑのように明度の高い白の背景だと、黄色の花はほかの花より目立たなくなります。

目立つ標識・看板

視認性の高い色の組み合わせは、日常でよく目にするものにも利用されています。たとえば、駅の出口案内の表示や道路標識、広告看板などにも使用されています。特に、黄色と黒の組み合わせは、危険や注意を促す看板や標識にも多く使われます。

第2章　色のマジックを使いこなす

column

ピンクの呼吸法で
リラックス&女子力アップ

女性にとって特別な意味をもつピンクの効用

　ピンクには女性ホルモンの分泌を促す効果があるとされています。ピンクに囲まれて暮らすと容貌や容姿が若返るという説もあるほどです。あるアメリカ人の女性がピンクをイメージしながら1日3回の呼吸法を実践したところ、見た目年齢が20歳近く若返ったというのもウソのような本当のお話です。
　ピンクの呼吸法はとても簡単で、ピンク色の空気を体の中に取り込むイメージで気持ちよく深呼吸するだけ。
　リラックスしたいときや、ちょっとイライラした気分のときにも効果が感じられるので、ぜひお試しあれ!

第 **3** 章

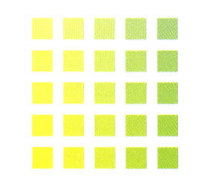

配色にはセオリーがある

まとまりやメリハリのある

配色にするには、

色の選び方を工夫しましょう。

配色がもっと楽しくなります。

セオリー① 色相から考える

キーワード
色相配色、色相環、色相差

色相配色は色相環を参考にしながら、色相差に注目して効果的な配色を考える方法です。色相差が小さいほどまとまりがある配色になり、色相差が大きいほどメリハリがある配色になります。

色相差を表す数字と角度

　PCCS色相環では色相番号と角度で色相差が確認できます。24色相の場合、隣り合う色同士の色相差1＝角度15度で、開きが大きいほど色相差が大きく、小さいほど色相差も小さくなります。

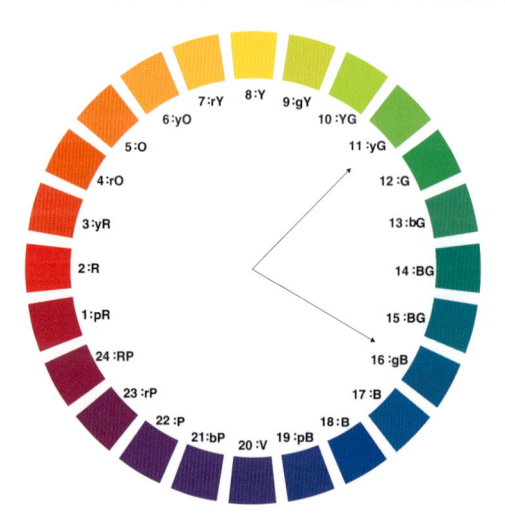

まとまりがある配色①

色相差がないか、もしくは近い色みをもつ色同士の配色（色相に共通性のある配色）は、まとまりやすいとされています。数字で示すと色相差0、1、2または3、角度0、15、30または45度の組み合わせです。

8：Yを基準とした場合
（同一・隣接・類似色相）

同一色相配色

色相差0、角度0の組み合わせです（無彩色と有彩色の配色も含む）。完全に同じ色相の色を組み合わせた、最もまとまり感のある配色です。単調に感じる場合は、トーンの違いによって変化がつけられます。

色相・トーン

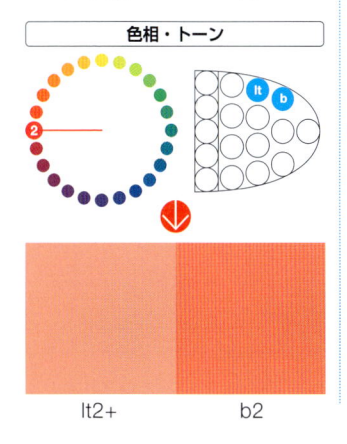

lt2+ / b2

隣接色相配色

色相差1、角度15度の組み合わせです。色相環上で隣り合うほぼ同じ色同士を組み合わせた、統一感がある配色です。同一色相配色と同様に、トーンの違う色を組み合わせることで変化がつけられます。

色相・トーン

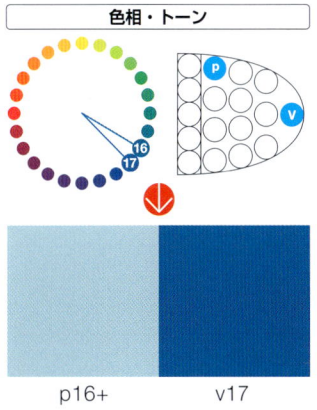

p16+ / v17

第3章 配色にはセオリーがある

まとまりがある配色②

類似色相配色も、まとまりがある配色（色相に共通性のある配色）のひとつです。中差色相配色（色相にやや違いのある配色）は、組み合わせる相手次第でまとまり感が出たり、メリハリがついたりします。

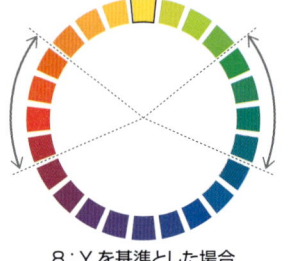

8：Yを基準とした場合
（中差色相）
※類似色相の図はP.61

類似色相配色

色相差2または3、角度30または45度の組み合わせです。同一色相配色や隣接色相配色ほどの統一感は出ませんが、色みに共通性があるため、色相が離れた印象にはならず、比較的調和しやすい配色です。

色相・トーン

ltg6　sf4

中差色相配色

色相差4～7、角度60～105度の、色相環上でやや離れた位置にある色同士の配色です。まとまりにくいと感じる場合は、相手とトーンを近づけるか、低彩度のトーンを合わせると調和しやすくなります。

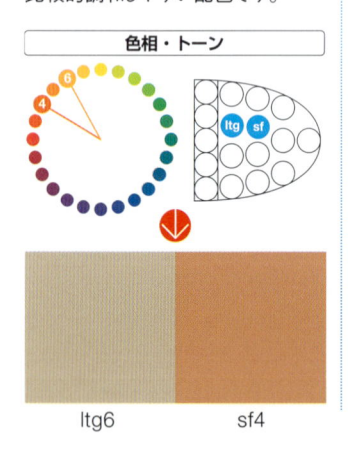

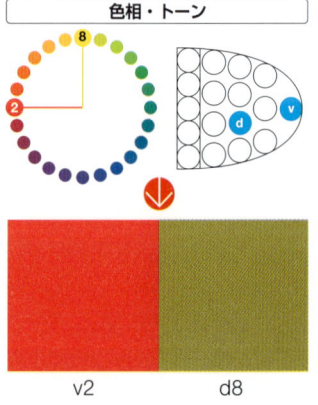

色相・トーン

v2　d8

メリハリがある配色

　色相差が大きく、色みの違いをはっきりと感じる色同士の配色（色相に対照性のある配色）は、メリハリがつきやすいとされています。数字で示すと色相差8〜12、角度120〜180度の組み合わせです。

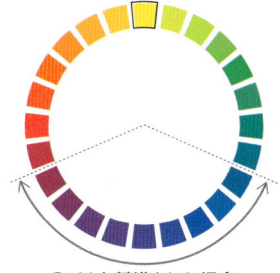

8：Yを基準とした場合
（対照・補色色相）

第3章　配色にはセオリーがある

対照色相配色

色相差8〜10、角度120〜150度の組み合わせです。色相環上で離れた位置にある対照的な色同士のためメリハリがあり、用いる色の彩度が高いほど色同士の対照性がより際立って派手な印象になります。

色相・トーン

dp12　b4

補色色相配色

色相差11〜12、角度165〜180度の組み合わせです。色相環上で正反対に位置する補色、または補色近辺の反対色相同士の配色です。最もメリハリがあり、彩度が高いほど派手な印象になります。

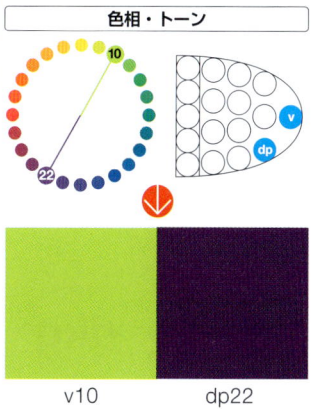

色相・トーン

v10　dp22

セオリー 2 トーンから考える

キーワード
トーン配色、トーン分類表

トーン配色はトーン分類表を参考にしながら、トーン差に注目して効果的な配色を考える方法です。色相が同じでも、トーンが変わるだけで配色のイメージがガラリと変わることがあります。

分類表上の距離に注目する

PCCSトーン分類表では明度を縦方向、彩度を横方向で区分し、左に無彩色を並べています。略記号で示された各トーンは位置が近いほど共通性があり、遠いほど対照性があることがわかります。

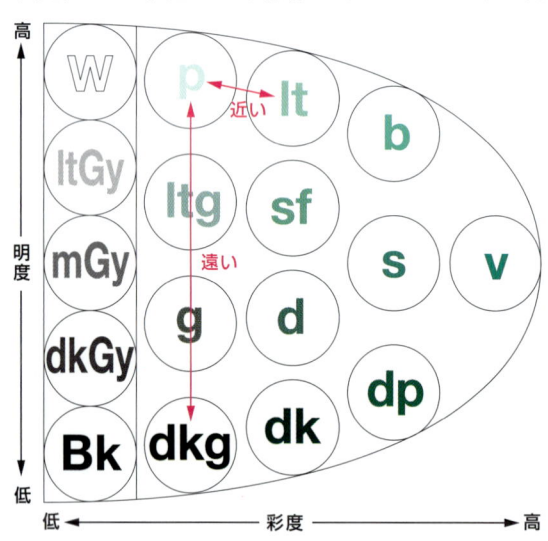

まとまりがある配色①

トーンが同じか、もしくはトーン分類表上で隣り合う色同士の配色（トーンに共通性のある配色）は、まとまりやすいとされています。この配色はトーンが同一関係か、類似関係かによって2種類に分類できます。

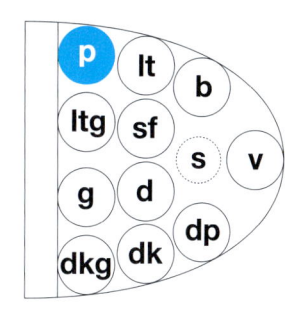

同一トーン配色

同じトーンの略記号をもつ色同士の配色です。p（ペール）ならp同士、dk（ダーク）ならdk同士の組み合わせになるため、まとまりがあります。この配色では、高彩度のトーン同士より低彩度のトーン同士のほうが、まとまり感がより表現しやすくなります。

v（ビビッド）の配色
色相・トーン

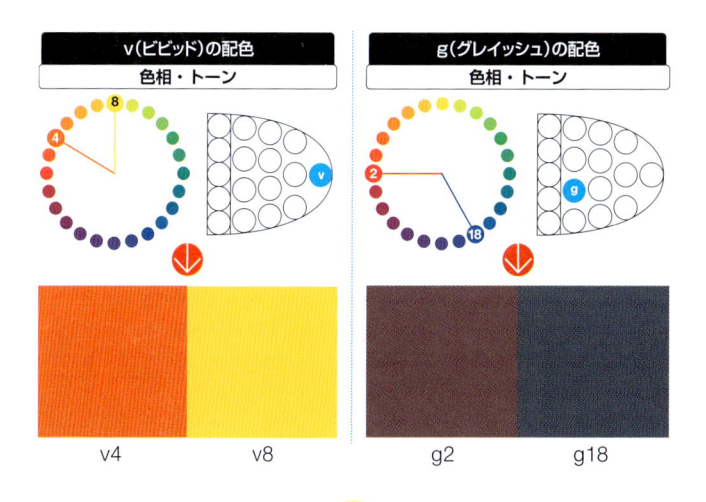

v4　　　v8

g（グレイッシュ）の配色
色相・トーン

g2　　　g18

第3章 配色にはセオリーがある

まとまりがある配色②

　トーンに共通性のある配色のうち、トーン分類表で隣り合う色同士の配色を類似トーン配色といいます。この配色には、それぞれトーンの縦、横、斜めの類似関係に注目した3通りの配色方法があります。

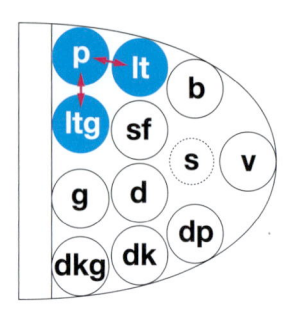

類似トーン配色

トーンが縦に隣り合う場合は彩度が類似した配色、横に隣り合う場合は明度が類似した配色、斜めに隣り合う場合は明度と彩度に若干の差が生じた配色になります。いずれの場合もトーンに共通するイメージをもつため、まとまりを得やすい配色といえます。

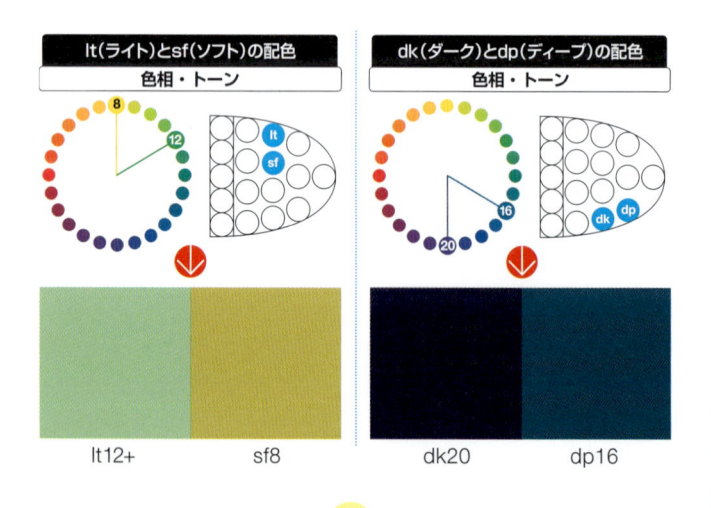

lt(ライト)とsf(ソフト)の配色
色相・トーン

lt12+　　sf8

dk(ダーク)とdp(ディープ)の配色
色相・トーン

dk20　　dp16

メリハリがある配色

トーン分類表上で離れた位置にある色同士の配色(トーンに対照性のある配色)を、対照トーン配色といいます。この配色には、それぞれトーンの縦、横、斜めの対照関係に注目した3通りの配色方法があります。

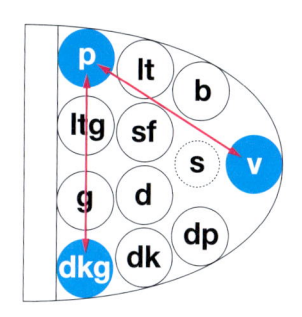

第3章 配色にはセオリーがある

対照トーン配色

トーンが縦に離れた場合は明度が対照的な配色、横に離れた場合は彩度が対照的な配色、斜めに離れた場合は明度と彩度が対照的な配色になります。いずれの場合もトーンにコントラストがついて、メリハリ感が演出しやすい配色といえます。

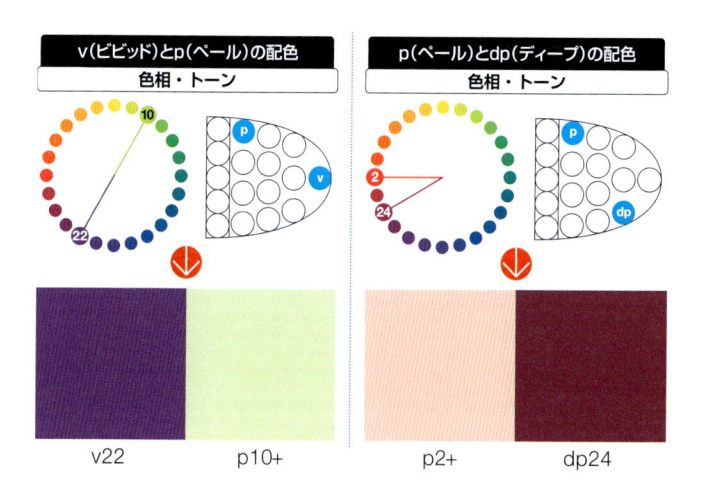

v(ビビッド)とp(ペール)の配色
色相・トーン

| v22 | p10+ |

p(ペール)とdp(ディープ)の配色
色相・トーン

| p2+ | dp24 |

067

セオリー ③ 色を使いこなすテクニック

キーワード
ドミナントカラー／トーンオントーン
ドミナントトーン／トーンイントーン／トーナル
カマイユ／フォ・カマイユ
ナチュラルハーモニー／コンプレックスハーモニー
ビコロール／トリコロール／グラデーション
アクセント

色相やトーンに注目した基本的な技法以外にも、色を段階的に変化させる配色やアクセントカラーを加える配色などさまざまな技法があります。配色の幅を広げるテクニックを身につけましょう。

色彩調和の考え方

　配色の基本は色彩の調和をはかることです。学者たちの研究により、人が美しいと感じる色彩調和のかたちがいくつかあることがわかっています。

自然の中にある色は調和しやすい 　　　明快なコントラストの配色は調和しやすい

同じ系統の色相でまとめる配色

セオリー1で学んだ、色相に共通性のある配色の応用テクニックです。ドミナントカラーは3色以上を美しく調和させ、トーンオントーンは同系色相にメリハリ感をプラスすることができます。

第3章 ▼ 配色にはセオリーがある

ドミナントカラー

ドミナントは英語で「支配的な」という意味。メインとなる色相を1つ決めて、全体をまとめる方法です。

色相・トーン

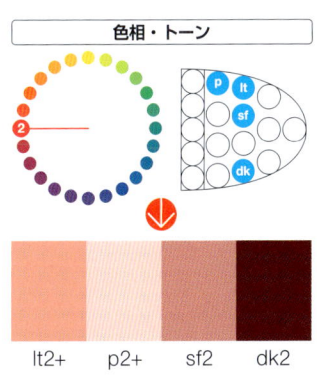

lt2+　p2+　sf2　dk2

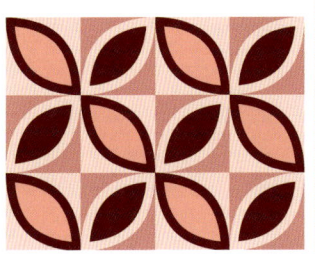

トーンオントーン

ドミナントカラーに対照トーンを重ねる同系色相の濃淡配色。トーン差を利用してメリハリ感を出す方法です。

色相・トーン

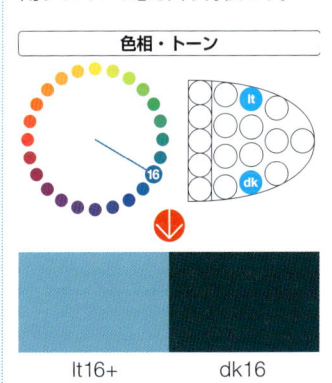

lt16+　　dk16

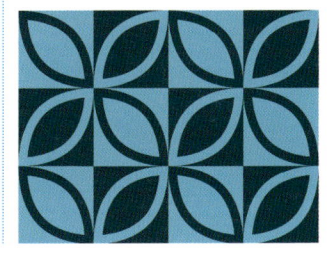

同じ系統のトーンでまとめる配色

セオリー2で学んだ、トーンに共通性のある配色の応用テクニックです。3つの方法とも同じトーンでまとめるので、3色以上の違う色相を使う場合でも、美しく調和させることができます。

ドミナントトーン

全体を支配する同系統のトーンを1つ決めて、多色を使った配色にまとまり感を出す方法です。

色相・トーン

b16　b8　b10　b24

トーンイントーン

ドミナントトーンの一種。全体を1つのトーンまたは類似トーンで統一し、多色を違和感なくまとめる方法です。

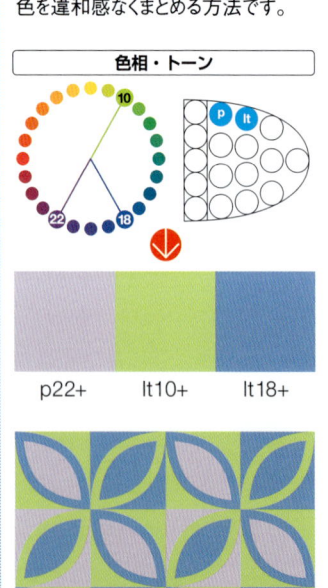

色相・トーン

p22+　lt10+　lt18+

トーナル

中明度・中〜低彩度のトーン（中間色）を使った配色です。中でもダルトーンによる配色が一般的です。

中間色領域はダル、ソフト、ライトグレイッシュ、グレイッシュの4つ

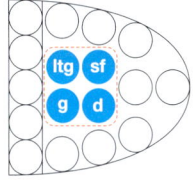

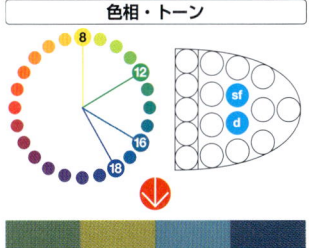

色相・トーン

d12　d8　sf16　d18

ドミナント

英語で「支配的な」を意味するドミナントとは、同じ色相やトーンが全体に統一感を与えることをいいます。夕焼けのように全体が同じ色みに見える色相のドミナント、霧のように全体が同じ色調に見えるトーンのドミナントの2つがあります。

色相のドミナントの例

トーンのドミナントの例

第3章　配色にはセオリーがある

近似した色相・トーンの配色

　色相とトーンが近い色同士を組み合わせると、ぼんやりとした印象になります。カマイユとはフランス語で「単色画法」の意味。単一色で描かれた絵のようにやさしくおだやかな配色になります。

カマイユ

同一・隣接の色相と同一・類似のトーンを使った配色です。ごく近似したあいまいなニュアンスになります。

色相・トーン

b23　b24

フォ・カマイユ

類似色相と同一・類似のトーンを使った配色です。カマイユと比べると若干変化のある印象になります。

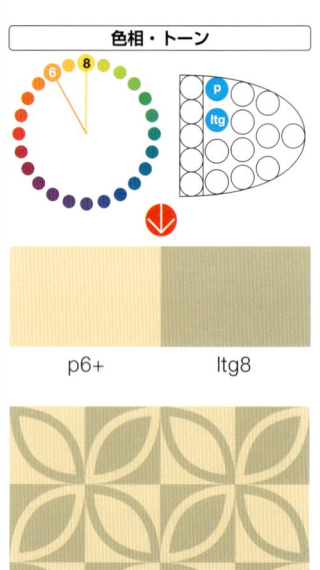

色相・トーン

p6+　ltg8

自然の秩序から考える配色

　自然界では、同じ木の葉の色が光の加減で明るく見えたり暗く見えたりします。このような自然の法則は色相の自然連鎖と呼ばれ、人の目になじみやすいカラーハーモニーを生むといわれています。

第3章 ▼ 配色にはセオリーがある

ナチュラルハーモニー

隣接・類似の色相で、黄に近い色を明るく、青紫に近い色を暗くして自然界に見る色に近づけた配色です。

色相・トーン

lt10+　　d12

コンプレックスハーモニー

自然界とは逆に黄に近い色相を暗く、青紫に近い色相を明るくすることで、複雑な印象を与える配色です。

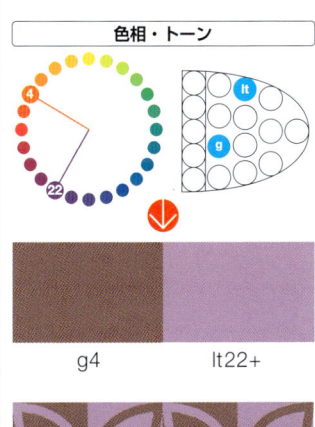

色相・トーン

g4　　lt22+

073

明快なコントラストの2色配色

ビコロール

高彩度で対照的な色同士、高彩度色と無彩色など対比的な2色を組み合わせたメリハリのある配色です。

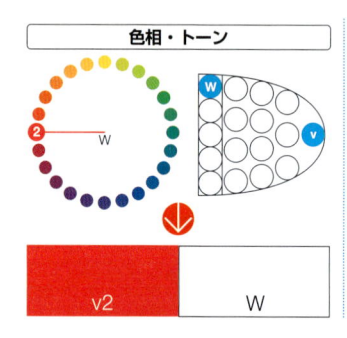

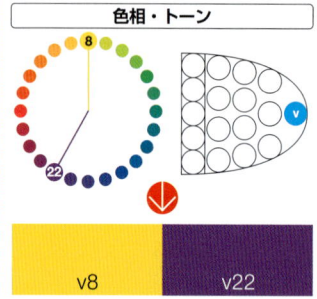

色相・トーン

| v2 | W |

| v8 | v22 |

明快なコントラストの3色配色

トリコロール

色相やトーンが対照的な3色を使ったメリハリのある配色です。フランス国旗は典型的なトリコロール配色です。

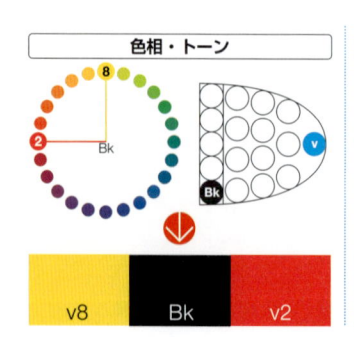

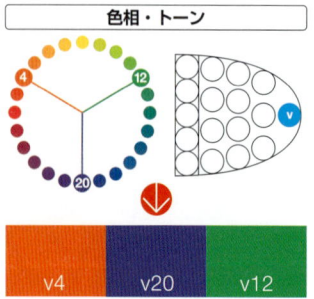

色相・トーン

| v8 | Bk | v2 |

| v4 | v20 | v12 |

段階的に変化させる配色

グラデーション

色彩を一定ルールで変化させる多色配色です。色相やトーンの変化によってさまざまな表現が可能です。

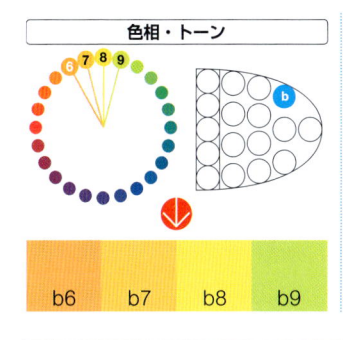

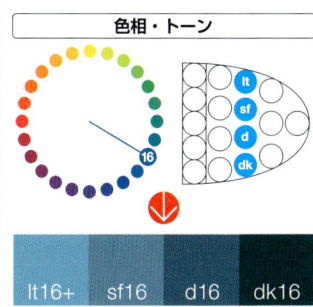

第3章 ▼ 配色にはセオリーがある

色相・トーン

| b6 | b7 | b8 | b9 |

色相・トーン

| lt16+ | sf16 | d16 | dk16 |

目立つ色で引き締める配色

アクセント

ベースの中に強調する色を置いてポイントを作る配色です。強調色は面積が小さいほど効果的です。

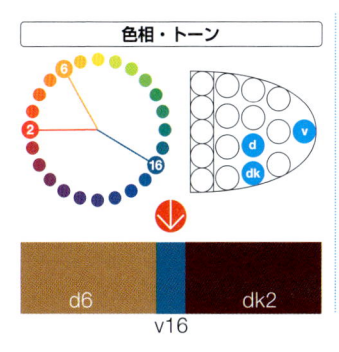

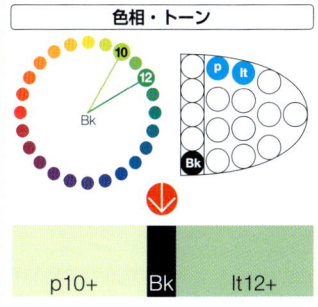

色相・トーン

| d6 | v16 | dk2 |

色相・トーン

| p10+ | Bk | lt12+ |

075

セオリー ④ 欲しいイメージに合わせる

多くの人に共通して同じようなイメージを与える、配色のいくつかのかたちを学びましょう。基本的なかたちを覚えておくと、欲しいイメージに合わせて狙いを定めた配色が可能になります。

イメージを表現する配色

　色には、さまざまなイメージを呼び起こす心理的効果や感情的効果があります。たとえば、ある色を見たときに、その色から目に見える具体的なものを連想すると同時にうれしい、悲しい、不安といった抽象的イメージを心に描いています。こうした心理的作用は生活経験や年齢、性別によって若干異なりますが、多くの人に共通するイメージ作用もあります。それらを利用して、欲しいイメージを配色で表現してみましょう。

うれしい

不安

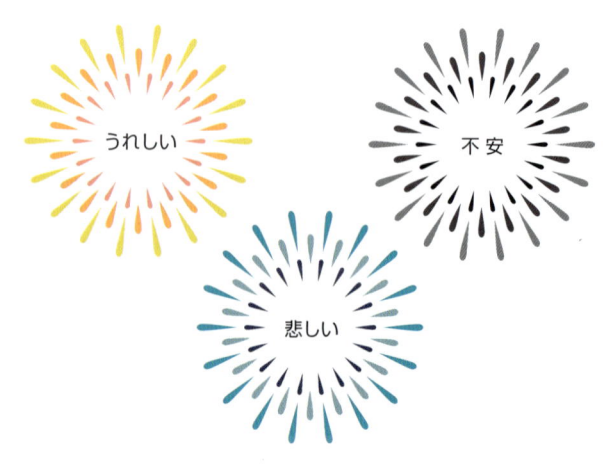

悲しい

カジュアル

代表的なイメージカラーは橙や黄。赤～青の範囲を中心にするとカジュアルなイメージになります。ベースは低彩度、アクセントは高彩度にしてコントラストをはっきりつけるのがポイントです。

カジュアルのイメージ

- 明るさ、楽しさ
- 親しみやすさ
- 活発、開放感
- 元気、にぎやか

第3章 配色にはセオリーがある

配色例

C 0	C 0	C 30
M 10	M 30	M 0
Y 35	Y 10	Y 30
K 0	K 0	K 0

C 30	C 0	C 0
M 30	M 10	M 25
Y 0	Y 35	Y 65
K 0	K 0	K 0

C 0	C 0	C 0
M 40	M 10	M 30
Y 20	Y 35	Y 50
K 0	K 0	K 0

C 0	C 25	C 0
M 10	M 0	M 40
Y 35	Y 40	Y 0
K 0	K 0	K 0

C 0	C 0	C 35
M 45	M 15	M 0
Y 50	Y 60	Y 30
K 0	K 0	K 0

C 35	C 40	C 0
M 45	M 0	M 15
Y 50	Y 10	Y 60
K 0	K 0	K 0

C 50	C 0	C 0
M 0	M 80	M 30
Y 10	Y 90	Y 60
K 0	K 0	K 0

C 0	C 0	C 70
M 0	M 70	M 45
Y 40	Y 70	Y 0
K 0	K 0	K 0

C 0	C 80	C 0
M 0	M 60	M 40
Y 60	Y 0	Y 30
K 0	K 0	K 0

ナチュラル

色相は自然を連想させる橙〜緑の範囲から選ぶのがポイントです。トーンは野山や田園に見られるような素朴な印象の低〜中彩度を中心に。アクセントカラーで動きを出す必要は特にありません。

ナチュラルのイメージ
- 大地、自然、植物
- のどかさ、安らぎ
- ぬくもり感、おだやかさ
- 平和、健康、調和

配色例

C 40	C 60	C 40		C 0	C 0	C 10		C 0	C 0	C 20
M 10	M 15	M 25		M 20	M 35	M 10		M 15	M 15	M 0
Y 70	Y 90	Y100		Y 15	Y 35	Y 20		Y 15	Y 0	Y 0
K 0	K 0	K 10		K 10	K 10	K 0		K 10	K 30	K 0

C 10	C 20	C 30		C 10	C 15	C 30		C 25	C 10	C 0
M 10	M 0	M 0		M 10	M 20	M 25		M 25	M 10	M 0
Y 20	Y 40	Y 15		Y 20	Y 25	Y 40		Y 40	Y 20	Y 40
K 0	K 10	K 10		K 0	K 10	K 15		K 15	K 0	K 10

C 10	C 0	C 15		C 10	C 0	C 25		C 40	C 40	C 40
M 10	M 25	M 0		M 35	M 15	M 0		M 50	M 10	M 0
Y 20	Y 20	Y 30		Y 30	Y 15	Y 50		Y 80	Y 70	Y 80
K 0	K 10	K 10		K 0	K 10	K 0		K 35	K 0	K 30

シック

やや色みを感じる程度の無彩色系の配色はシックなイメージになります。低彩度を中心に、ベースが無彩色ならアソートカラー（ベースカラーの次に広い部分を占める色）は有彩色を合わせます。

シックのイメージ
- シンプル、クール
- 大人っぽい、渋い
- 知的、落ち着き
- 現代的、洗練

配色例

C 60	C 70	C 85
M 40	M 50	M 55
Y 20	Y 25	Y 25
K 20	K 40	K 70

C 10	C 40	C 60
M 0	M 10	M 40
Y 55	Y 15	Y 20
K 20	K 20	K 20

C 20	C100	C 60
M 20	M 90	M 55
Y 10	Y 25	Y 45
K 30	K 45	K 25

C 65	C 60	C 95
M 60	M 40	M 70
Y 30	Y 20	Y 45
K 45	K 20	K 30

C 50	C 45	C 80
M 15	M 30	M 70
Y 80	Y 30	Y 30
K 60	K 45	K 30

C 80	C 45	C 45
M 70	M 40	M 50
Y 30	Y 30	Y 20
K 30	K 20	K 60

C100	C 60	C 75
M 30	M 30	M 50
Y 60	Y 60	Y 35
K 0	K 0	K 25

C 20	C 90	C 40
M 50	M 60	M 10
Y 10	Y 10	Y 40
K 65	K 60	K 75

C 10	C 45	C 10
M 0	M 30	M 0
Y 0	Y 0	Y 0
K 55	K 30	K 35

第3章 配色にはセオリーがある

ポップ

楽しさや陽気さを表現する黄系や橙系を中心にするのが基本です。これらの色相と対照性のある青緑系や赤紫系を配色すると、愉快でにぎやかな雰囲気が加わり、ポップなイメージが強調されます。

ポップのイメージ

- 楽しさ、陽気さ
- 愉快な、ユーモラスな
- にぎやか、元気、活気
- 軽妙、気取りのない

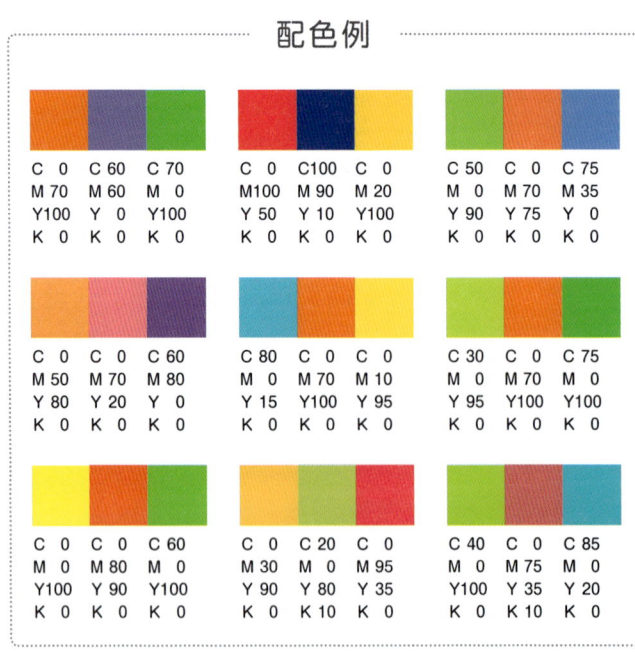

配色例

C 0	C 60	C 70
M 70	M 60	M 0
Y100	Y 0	Y100
K 0	K 0	K 0

C 0	C100	C 0
M100	M 90	M 20
Y 50	Y 10	Y100
K 0	K 0	K 0

C 50	C 0	C 75
M 0	M 70	M 35
Y 90	Y 75	Y 0
K 0	K 0	K 0

C 0	C 0	C 60
M 50	M 70	M 80
Y 80	Y 20	Y 0
K 0	K 0	K 0

C 80	C 0	C 0
M 0	M 70	M 10
Y 15	Y100	Y 95
K 0	K 0	K 0

C 30	C 0	C 75
M 0	M 70	M 0
Y 95	Y100	Y100
K 0	K 0	K 0

C 0	C 0	C 60
M 0	M 80	M 0
Y100	Y 90	Y100
K 0	K 0	K 0

C 0	C 20	C 0
M 30	M 0	M 95
Y 90	Y 80	Y 35
K 0	K 10	K 0

C 40	C 0	C 85
M 0	M 75	M 0
Y100	Y 35	Y 20
K 0	K 10	K 0

エレガント

色相は紫みの青～赤紫を中心に、明度の高い色を組み合わせます。あいまいな印象のカマイユ配色などにして全体の明度差を抑え、コントラストがつき過ぎないようにするのがポイントです。

エレガントのイメージ
- 優雅、気品、上品
- 曲線的、しなやか
- 優しさ、女性らしさ
- 上質感、洗練

第3章 配色にはセオリーがある

配色例

C 0	C 15	C 40
M 20	M 10	M 35
Y 0	Y 0	Y 0
K 20	K 10	K 10

C 30	C 30	C 15
M 40	M 40	M 20
Y 0	Y 0	Y 0
K 20	K 0	K 0

C 0	C 0	C 0
M 10	M 40	M 50
Y 0	Y 0	Y 0
K 10	K 0	K 30

C 0	C 0	C 0
M 30	M 15	M 40
Y 0	Y 10	Y 0
K 30	K 0	K 0

C 40	C 40	C 60
M 50	M 15	M 20
Y 10	Y 0	Y 0
K 0	K 0	K 0

C 20	C 0	C 0
M 40	M 30	M 10
Y 10	Y 0	Y 0
K 0	K 10	K 10

C 0	C 15	C 40
M 20	M 0	M 0
Y 0	Y 10	Y 0
K 20	K 10	K 10

C 0	C 0	C 0
M 50	M 50	M 25
Y 0	Y 0	Y 0
K 40	K 20	K 20

C 0	C 0	C 0
M 0	M 25	M 10
Y 30	Y 10	Y 0
K 0	K 10	K 10

モダン

ナチュラルと対極のイメージ。無彩色や寒色系を中心に色数をしぼり、シンプルに配色します。アクセントカラーに明度と彩度の高い色を用いて、強いコントラストをつけるのがポイントです。

モダンのイメージ

- 都会的、現代的
- 人工的、無機質
- 先鋭的、シャープ
- インパクト

配色例

C 0	C100	C 0
M 0	M 50	M 0
Y 0	Y 0	Y 0
K 0	K 50	K100

C 0	C 0	C100
M 15	M 0	M100
Y 0	Y 0	Y 0
K 25	K 0	K 30

C 0	C100	C 0
M 0	M 25	M 0
Y 0	Y 25	Y 0
K 30	K 0	K 50

C 0	C 0	C 0
M 0	M 0	M 0
Y 0	Y 0	Y 0
K100	K 80	K 0

C100	C 20	C 30
M100	M 0	M 30
Y 0	Y 0	Y 30
K 70	K 30	K 0

C 10	C 0	C100
M 0	M 0	M100
Y 0	Y 0	Y 0
K 15	K100	K 0

C 0	C 0	C 0
M100	M 0	M 0
Y100	Y 0	Y 0
K 10	K 60	K 80

C 0	C100	C 0
M100	M 60	M 0
Y 20	Y 0	Y 0
K 5	K 0	K 0

C100	C 50	C 0
M 25	M 25	M 0
Y 25	Y 25	Y 0
K 20	K 50	K100

ロマンティック

色相は赤紫～赤みの黄の範囲で、トーンは中～低彩度、高明度の色を中心に配色するのがポイントです。パステルピンクと白やグレイの組み合わせなどもロマンティックなイメージが強調されます。

> **ロマンティックのイメージ**
> - 可憐、ハッピー
> - 少女的、かわいらしさ
> - 軽さ、ふんわり感
> - 華やかさ、愛らしさ

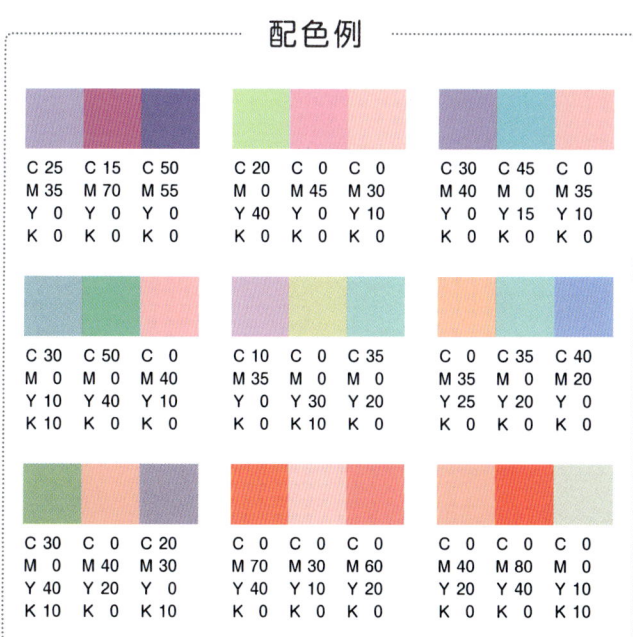

第3章 配色にはセオリーがある

配色例

C 25 / M 35 / Y 0 / K 0	C 15 / M 70 / Y 0 / K 0	C 50 / M 55 / Y 0 / K 0
C 20 / M 0 / Y 40 / K 0	C 0 / M 45 / Y 0 / K 0	C 0 / M 30 / Y 10 / K 0
C 30 / M 40 / Y 0 / K 0	C 45 / M 0 / Y 15 / K 0	C 0 / M 35 / Y 10 / K 0
C 30 / M 0 / Y 10 / K 10	C 50 / M 0 / Y 40 / K 0	C 0 / M 40 / Y 10 / K 0
C 10 / M 35 / Y 0 / K 0	C 0 / M 0 / Y 30 / K 10	C 35 / M 0 / Y 20 / K 0
C 0 / M 35 / Y 25 / K 0	C 35 / M 0 / Y 20 / K 0	C 40 / M 20 / Y 0 / K 0
C 30 / M 0 / Y 40 / K 10	C 0 / M 40 / Y 20 / K 0	C 20 / M 30 / Y 0 / K 10
C 0 / M 70 / Y 0 / K 0	C 0 / M 30 / Y 10 / K 0	C 0 / M 60 / Y 20 / K 0
C 0 / M 40 / Y 20 / K 0	C 0 / M 80 / Y 40 / K 0	C 0 / M 0 / Y 10 / K 10

クラシック

茶系と無彩色系を中心に、低明度の暗く落ち着いた色調でまとめると、重みと深みを感じさせるクラシックのイメージになります。アクセントカラーやアソートカラーも、暗いトーンでまとめます。

クラシックのイメージ

- 伝統、格式
- 重厚感、円熟み
- 高級感、落ち着き
- 上質、深み

配色例

C 60	C 95	C 20
M 70	M 70	M 15
Y 100	Y 35	Y 50
K 25	K 35	K 55

C 45	C 50	C 95
M 75	M 15	M 70
Y 100	Y 60	Y 25
K 40	K 20	K 40

C 25	C 45	C 30
M 45	M 75	M 90
Y 95	Y 100	Y 95
K 10	K 40	K 25

C 75	C 60	C 35
M 80	M 70	M 35
Y 40	Y 100	Y 45
K 65	K 25	K 45

C 45	C 95	C 85
M 75	M 50	M 40
Y 100	Y 15	Y 95
K 40	K 30	K 95

C 50	C 20	C 40
M 80	M 30	M 80
Y 100	Y 30	Y 70
K 40	K 40	K 30

C 95	C 50	C 90
M 55	M 80	M 40
Y 40	Y 100	Y 80
K 40	K 40	K 55

C 30	C 60	C 50
M 30	M 70	M 30
Y 0	Y 100	Y 0
K 45	K 25	K 55

C 45	C 95	C 30
M 75	M 85	M 90
Y 100	Y 15	Y 85
K 40	K 30	K 20

和風

伝統色の淡い配色、歌舞伎の衣装のように極彩色を効果的に使った配色は和風のイメージになります。和風の表現は幅広く、わび、さび、雅、きらびやかなどの言葉のイメージと直結しています。

和風のイメージ
- はかなさ、幽玄
- 渋い、粋な
- 豪華、絢爛
- 華やか、あでやか

第3章 配色にはセオリーがある

配色例

C 20	C 5	C100
M 50	M 5	M 75
Y 90	Y 15	Y 95
K 0	K 0	K 0

C 60	C 55	C 80
M 70	M 25	M 85
Y 90	Y 58	Y 90
K 0	K 0	K 0

C100	C 0	C 55
M 95	M 18	M 35
Y 40	Y 18	Y 18
K 0	K 0	K 80

C 45	C 28	C 52
M 42	M 10	M 50
Y 0	Y 24	Y 63
K 0	K 0	K 0

C 90	C 18	C 75
M 90	M 35	M 90
Y 60	Y 55	Y 55
K 0	K 0	K 0

C 35	C 28	C 80
M 32	M 10	M 80
Y 42	Y 24	Y 85
K 0	K 0	K 10

C 92	C 20	C 40
M 84	M 50	M 0
Y 70	Y 95	Y100
K 20	K 0	K 15

C 85	C 15	C 45
M 55	M 0	M 60
Y 90	Y100	Y 85
K 0	K 15	K 0

C 50	C 45	C 25
M 15	M 93	M 65
Y 38	Y 92	Y 95
K 0	K 0	K 0

column

目の疲れの原因とされる、ブルーライトとは

液晶保護フィルムや専用メガネなどで対策を

　ブルーライトとは、パソコンやスマートフォンなどの液晶画面から発せられる青色光のこと。液晶画面にはバックライトとしてLEDが使用されていることが多く、目の奥で散乱しやすいブルーライトが強く発せられています。このため長時間画面を見ていると目の疲れを感じ、かすみ目やドライアイの原因になるだけでなく、ブルーライトが網膜まで到達して体内リズムを狂わせたり、肩こりや頭痛に影響するともいわれています。ブルーライトをカットする液晶保護フィルムや専用のメガネを用いて、目や体への負担を軽減しましょう。

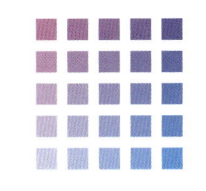

第 **4** 章

色使いでセルフプロデュース

ファッションにおける色は、

自分を相手に印象づける

重要なツール。

色の個性と使い方のコツを

マスターしましょう。

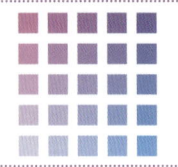

今すぐ使える配色の新常識

黒はやせて見える、白は太って見えるなど、昔からいわれていることのなかには、一部では当てはまらないことも。これまでの常識にとらわれず、正しい知識を身につけましょう。

黒でも太って見えることがある!?

よく黒い服は引き締まって見えるといわれますが、使い方によってはシルエットが強調されてしまうこともあります。逆に膨張すると思われがちな明るい色の服も、上手に使えば決して太って見えません。

OK 白い壁 × 白系の服

NG 白い壁 × 黒い服

着こなす色の印象は、どこで見られるかによっても変わる

左のように黄みの少ない白系の服で背景が白い壁なら、明るい色の服でも太って見えません。一方、右のように黒い服でも背景が白い壁だと、コントラストが強く出る分シルエットがくっきりして気になる部分が強調されてしまうことも。服の色が与える印象は場所の条件によっても変わるので、出先での自分をイメージしながら配色を考え、色を上手に使い分けましょう。

目立つ色は使う場所が決め手！

彩度の高い赤や黄など人目を引く誘目性の高い色は、使い方によっては派手な印象になりがち。使用する場所を工夫して、色だけが浮いた感じにならないように、そつなく着こなしましょう。

OK アクセントカラーとして使用

NG 大きな面積で使用

第4章 色使いでセルフプロデュース

同じ色でも使う位置や色が占める面積によって印象が変わる

左のようにあざやかな赤をインナーに使用した場合、アクセントとして全体を引き締める効果が生まれ、派手な印象になりません。同じ色を右のように上着として使用すると、浮いた感じになってしまうことも。この場合はトーンを落としたワインレッドなどにすると、落ち着いた印象になります。赤はやる気をアピールする色でもあるので、上手に取り入れたいですね。

ストライプのNGは？

縦縞はやせて見える、横縞は太って見えるということも昔からよくいわれる常識ですが、果たして本当でしょうか？ 実はストライプのNGは、縞の縦横ではなく縞の配色に要因があります。

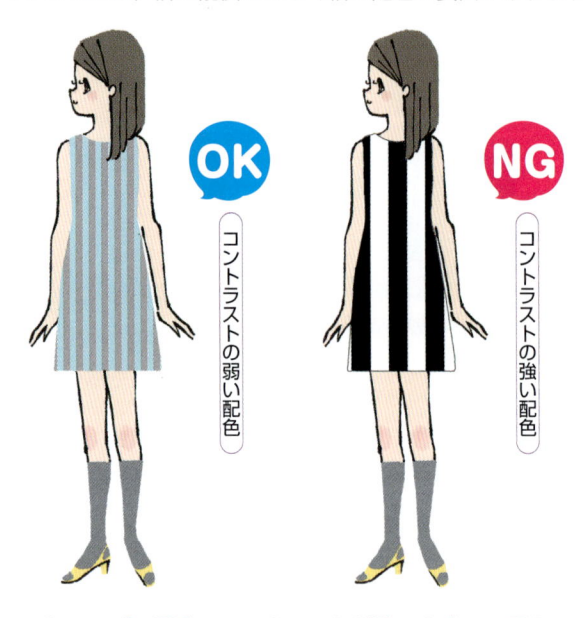

OK コントラストの弱い配色

NG コントラストの強い配色

ストライプの配色のコントラストが強いと太って見える

上の2つのワンピースはどちらも縦のストライプですが、左のコントラストが弱い水色とグレイの配色はやせて見え、右のコントラストが強い白と黒の配色は太って見えます。このように、ストライプの服はコントラストの強弱が決め手になるのです。つまり、太って見えると思われがちな横縞の服も、コントラストの弱い配色であれば、すっきり着こなすことができます。

多色使いには無彩色を活用

たくさんの色を使った柄ものの服は、着こなしが難しいと感じている人も多いのではないでしょうか。多色使いのニットやプリント服などのコーディネートも、上手にまとめるコツがあります。

OK 多色の柄もの＋無彩色

NG 多色の柄もの＋柄にない色

第4章 色使いでセルフプロデュース

どの色とも調和しやすい無彩色はコーディネートのまとめ役

多色使いの服を着こなすときには、左のようにボトムに白などの無彩色を使うとまとまりやすくなります。ボトムに黄色を合わせた右と比べて、すっきりした印象に見えます。無彩色はどんな有彩色にも調和しやすいので、柄ものとの組み合わせにおすすめ。また、柄の中の1色を使って全体を支配する色を決め（ドミナントカラー）、調和をとるのもよい方法です。

モノトーンコーディネートの落とし穴

　無彩色同士のモノトーン配色は都会的で落ち着いたイメージを表現しやすいテクニックです。白と黒の配色などがよく使われますが、使い方によっては単調になってしまうこともあるので注意しましょう。

OK 明度や小物で変化をつける

NG 単調で季節感がない

モノトーン配色は単調になったり、重く見えてしまうことがある

　モノトーン配色のコーディネートはコントラストが強いとシャープでモダンなイメージが出ますが、その反面、無彩色の白、黒、グレイの限られた3色しか使えないため、変化や季節感がとぼしくなりがち。右のように黒が多いと、重たい印象になってしまいます。左のように明度に変化をつけたり、小物で有彩色を加えて季節感を意識してみるとよいでしょう。

似合う色の見分け方

似合う色は自分をより引き立ててくれます。似合う色と似合わない色を見分けるとき、何を手がかりにするとよいのでしょうか。似合う色の見分け方を知って、魅力をさらにアピールしましょう。

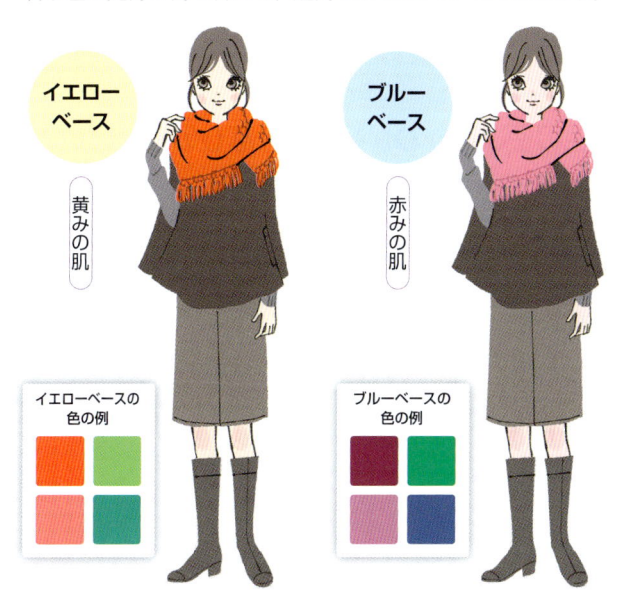

イエローベース

黄みの肌

イエローベースの色の例

ブルーベース

赤みの肌

ブルーベースの色の例

第4章 色使いでセルフプロデュース

肌の色を基本として、似合う色を考える

自分に似合う色のことをパーソナルカラーといい、肌の色を基本として、顔映りのよい色を身につけるという考え方をします。黄みの肌をイエローベース、赤みの肌をブルーベースと呼ぶこともあり、それぞれに合った色を顔まわりに身につけると、顔色が明るく輝いて見えます。パーソナルカラーは目や髪の色も含めて4つのタイプに分けられます（→ P.134）。

苦手な色も使える！着こなし配色テクニック

ファッションにおける色には、イメージをどう生かすかによってそれぞれ使い方のコツがあります。自分には似合わないと思っていた苦手な色も、コツさえつかめば上手に取り入れられます。

色の使い方がわかれば着こなしの幅が広がる

　いつも同じような色の服ばかり買ってしまうことはありませんか。配色のテクニックを応用すれば、毎日のコーディネートもカラフルに楽しめて、装う色から新鮮な気分やパワーがもらえます。

コツは色の効果と使用する分量

　色のもっているイメージは、使用する分量によって変わります。それぞれの色について、使用する分量が変わると受ける印象がどう変化していくのか、次頁から具体的に見ていきましょう。

活発

元氣

楽しい

明るい

第4章 色使いでセルフプロデュース

赤 80%

エネルギッシュ

赤 20%

スタイリッシュ

Red 赤

生命力を象徴する元気カラーの赤は、やる気や情熱を奮い立たせます。エネルギッシュではつらつとした雰囲気をアピールできます。

赤 を使いこなすコツ

目立つ色なので、普段は分量を抑えて使うのがポイント。勝負服では大胆に取り入れて、やる気を注入するのもよいでしょう。バランスよく使えば誰にでも似合う心強い色です。

赤 60% ロングスカート

Point

赤は誘目性が高いので、大きく使いたいときは明度を落としてシックにまとめましょう。インナーは、相性のよい白や黒の無彩色がおすすめです。

おすすめシーン

赤の力強い印象をやわらげて、大人っぽく着こなしたいときにおすすめ。ほどよく注目を集めるセクシーなファッションにも使えます。

赤 40% カーディガン

Point

やる気に満ちているとき、逆にパワーが欲しいときはあざやかな赤がおすすめ。インナーは彩度の低い色にすると、バランスよくまとまります。

おすすめシーン

やる気が起きないときや、人に注目されるイベントのときは赤を多めに身につけましょう。興奮を促し、エネルギッシュになれます。

赤 10% パンプス

Point

赤の誘目性を生かして、アクセントカラーに使いましょう。たとえば、エレガントな赤いパンプスは、足元で女性らしさを上げるアイテムです。

おすすめシーン

落ち着いたモノトーンのコーディネートに色を加えるときは、赤を少量足すと絶妙なアクセントになりスタイリッシュな印象に。

第4章 色使いでセルフプロデュース

Beige ベージュ

肌色や暖かみを感じさせるベージュには、おだやかな優しいイメージがあります。身につける人も周りの人も心が落ち着く色です。

ベージュを使いこなすコツ

どんな色ともマッチするベーシックな色。赤みのベージュから黄みのベージュまで幅がある（→カラーチャート P.181 〜 184 ／ 55 〜 60）ので、自分に似合うベージュを活用しましょう。

ベージュ **90%** スーツ上下

Point

ベージュを大きく使うと上品でやわらかなイメージになります。襟元のデザインや全体のラインに気を配って、単調にならないようにしましょう。

おすすめシーン

女性は、改まった席でもベージュやブラウンを活用することができます。緊張をほどくような優しい雰囲気が、周囲の好感を集めます。

ベージュ 30% シャツ

Point

ベージュをほどよく使うと、ほかの色と調和してバランスが整います。難しい色を着こなすときも、ベージュを使って上手にコーディネートしましょう。

おすすめシーン

モノトーンを普段使いでセンスよく着こなしたいとき、ベージュをプラスすると明るさが加わって親しみやすいムードが出せます。

第4章 色使いでセルフプロデュース

ベージュ 20% バッグ

Point

バッグや靴などの小物をあえてカラフルにせず、ベージュを使うと、上品にまとまり、コーディネートのおしゃれ度がアップします。

おすすめシーン

こなれた大人のおしゃれを楽しみたいときにおすすめ。ベージュがあることで絶妙なヌケ感を演出でき、ナチュラルな魅力がアップします。

青

知性や誠実さを表現し、相手に信頼感を与えることができる色です。イライラを静め、冷静な判断力や客観性を高めてくれる効果も。

青を使いこなすコツ

トーンの使い分けがカギ。明るめのトーンはさわやか、暗めのトーンは落ち着いた大人の雰囲気に。青は分量が多すぎると、寒々しい印象になることもあるので注意しましょう。

青 80% ワンピース

Point

深みのあるトーンなら大胆に使ってもOK！ 同色のグラデーションや素材の質感の違いで変化を出すのもおしゃれにまとめるポイントです。

おすすめシーン

大勢が集まる場所でおしゃれに差をつけたいときに。青本来の神秘的な魅力でクールビューティなコーディネートが楽しめます。

青 60% パンツ

Point

トーンを抑えた落ち着いた青のボトムは、ラフな着こなしや全体を引き締めたいときに便利。大きく使っても、冷たすぎる印象にはなりません。

おすすめシーン

はじめて会う相手によい印象を与えたいとき、青と白のさわやかな組み合わせにグレイを合わせたコーディネートは誰からも好感をもたれます。

青 10% スカーフ

Point

安心感と信頼感を与える青は、少量でも効果を発揮します。対面する相手の目に留まりやすい首回りに使うと、アクセントカラーとしての効果も絶大です。

おすすめシーン

モノトーンにブルーのアクセントは、都会的で頭の切れるイメージを強調します。接客や大事な面会の場面などに取り入れましょう。

第4章 色使いでセルフプロデュース

Orange
オレンジ

親近感がアピールできる社交的な色です。人目を引き、元気や暖かみが伝わる色なので、相手との距離を縮める効果もあります。

オレンジ を使いこなすコツ

活動的な色のオレンジはアウトドアに最適。分量が多いと派手になったり、子どもっぽくなりがちなので、ボリュームに注意しながら素材やデザインに気を配るのもポイントです。

オレンジ 60% パンツ

Point

オレンジは目立つ色なので、ボトムに使うならスッキリした細めのデザインを選んで、コンパクトにまとめるのがコツです。

おすすめシーン

屋外のレジャーやデートなどで身につけると、楽しいムードが盛り上がります。大きく使うときはモノトーンと合わせるのもおすすめです。

オレンジ 50% パーカ

Point

ラフに着こなせるパーカは、休日の外出にぴったり。ベーシックなグレイや白のアイテムにプラスして、フレッシュにまとめましょう。

おすすめシーン

オレンジを身につけると、相手に暖かさや親近感を感じさせ、積極的に人と会って、社交的になりたいときの味方になってくれます。

オレンジ 30% ベスト

Point

オレンジのパワーを借りつつ、シックに着こなしたいときはこいめのベージュを組み合わせるのがおすすめ。明るさが中和して、おだやかな印象になります。

おすすめシーン

オレンジもベージュも相手に好印象を与えることができる色。仲間と協力して何かをやり遂げる場面などに適したコーディネートです。

第4章 色使いでセルフプロデュース

ピンク

着る人も周りの人も、ほんわかした気分にしてくれる優しい色です。女性をより女性らしく見せ、親しみを感じさせる効果も。

ピンクを使いこなすコツ

肌に合う色、または使いやすい淡い色がおすすめ。合わせる色とはコントラストを抑え、甘くなりすぎない色や素材を選ぶなど、引き算のコーディネートがポイントです。

ピンク **80%** ワンピース

Point

大きく使うときは、肌色との相性を特に意識して。赤みの肌の人はローズピンク、黄みの肌の人はサーモンピンクなどがおすすめです。

おすすめシーン

お呼ばれなどエレガントにふるまいたい場所では、ピンクを多めに身につけて。立ち居振る舞いをより女性らしく見せてくれます。

ピンク 40% ジャケット

Point

ピンクにグレイを合わせると、スマートで落ち着いた印象になります。甘さと辛さのバランスがほどよい、上級のコーディネートといえます。

おすすめシーン

相手に優しくやわらかい印象を与えたいとき。コーディネートでピンクを使う部分は、上質な素材の服を選ぶとよいでしょう。

ピンク 20% ミニスカート

Point

ピンクを少量使ってパステル調のソフトな色みで全身をまとめると、さわやかな雰囲気に。季節を先取りした春先のファッションにも使えます。

おすすめシーン

イライラしているとき、落ち込んでいるときは少量でもピンクを取り入れると、安心感や高揚感を与えてくれます。

第4章 色使いでセルフプロデュース

Green

癒し効果があり、周囲をリラックスしたムードに包み込む色です。心のバランスを整えたり、相手の怒りを鎮める働きもあります。

緑 を使いこなすコツ

淡いトーンは若々しく、暗めのトーンは大人っぽい雰囲気になります。春夏はフレッシュな明るい緑、秋冬は深みのある緑が使いやすく、季節感を意識すると好印象なスタイルに。

緑 80% ワンピース

Point

ドレッシーな緑のワンピースはトーンを落とした色を選ぶと、清楚なイメージになります。反対色のピンクをアクセントに使うとおしゃれ度がアップ。

おすすめシーン

パーティや食事会などでリフレッシュしたいときは緑を多めに身につけましょう。癒し効果が日々のわずらわしさから解放してくれます。

緑 60% パンツ

Point

心と体のバランスが崩れがちなときは、生き生きとした緑を身につけます。顔まわりに使う色は、肌になじみのよいものを選びましょう。

おすすめシーン

春夏のレジャーやアウトドアなど、自然に囲まれた場面がおすすめ。不安や興奮を抑えて、のんびりとリラックスできます。

緑 10% パンプス

Point

緑はベージュやブラウンなどアースカラーとの相性もバッチリ！ 靴に緑を使うときは、足元だけ浮いて見えないよう、暗めの色を選びましょう。

おすすめシーン

合わせにくいと思われがちな緑の靴は、モノトーンの差し色に使うとしっくりまとまります。さり気なく個性を楽しみたいときに。

第4章 色使いでセルフプロデュース

Yellow

黄

元気のエッセンスをくれるビタミンカラー。身につけている人を前向きな気持ちにさせ、表情まで明るく見せる効果があります。

黄 を使いこなすコツ

明るい黄色を差し色に使うとおしゃれ度がアップします。季節感のある色なので、春夏は淡い黄や明るい黄、秋冬はマスタードイエローなど季節に合った色を使いましょう。

黄 90%
カーディガン ＋ ワンピース

Point

春夏は、グラデーションで大胆に黄色を取り入れたコーディネートもおすすめ。黄色のもつ明るさや元気が前面に出た着こなしを楽しみましょう。

おすすめシーン

デートで思いっきり彼に甘えたいときやケンカの後で仲直りしたいときなど、黄色を多めに身につけてパワーをもらいましょう。

黄 50% パーカ

Point

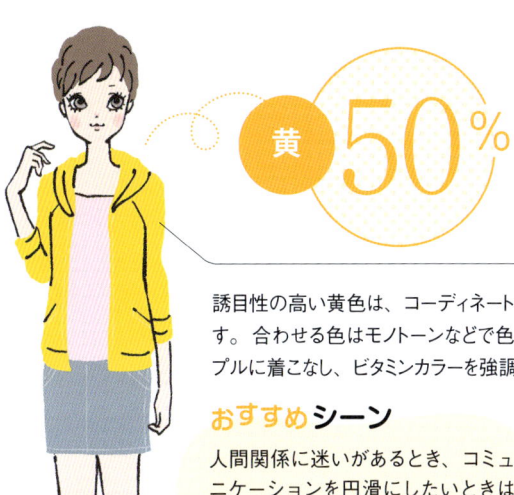

誘目性の高い黄色は、コーディネートの主役になります。合わせる色はモノトーンなどで色みを抑えてシンプルに着こなし、ビタミンカラーを強調しましょう。

おすすめシーン

人間関係に迷いがあるとき、コミュニケーションを円滑にしたいときは黄色を多めに身につけると、気持ちが前向きになり明るくふるまえます。

黄 10% ヘアアクセサリー

Point

少量でも目を引きやすい黄色の特徴を生かして、ヘアアクセサリーなど小さなアイテムに使うのもおすすめ。おしゃれのこだわりがさり気なくアピールできます。

おすすめシーン

モノトーンファッションのアクセントとして。黄色と黒の組み合わせは視認性が高いので、それぞれ色を使う場所に気をつけましょう。

第4章 色使いでセルフプロデュース

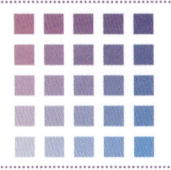

気分に合わせて ネイルチェンジ

新しい色に挑戦したいと思いつつ、いつも同じような色を選んでしまいがちではありませんか。使い慣れたシンプルなネイルも、配色を変えるだけで違ったイメージに。気分に合わせて楽しみましょう。

イメージや季節に合わせたネイル配色例

ネイルで表現したいイメージは決まっているのに、それに合った色がなかなか決まらないこともよくあります。配色例を参考にイメージとマッチする色を探して、指先のおしゃれを満喫しましょう。

かわいい

Cute

ピンク×白で愛らしく
女性らしい甘さを感じさせるピンクに清楚な白を合わせて、ふんわり可憐で愛くるしい雰囲気に。

プラスイエローで明るく元気に
元気さを感じさせるイエローと、さわやかなパステルカラーを組み合わせると明るくキュートな印象に。

落ち着いた　　深みのある色をチョイス

おだやかなベージュ系のグラデーションや深みのある紺や緑を取り入れて、円熟みや苦みのある大人の配色に。

Calm

Color change

クール　　寒色系の色を中心に

ブルー系やモノトーンを組み合わせて、プロフェッショナルのクールな雰囲気や引き締まったイメージに。

Cool

Color change

上品　　清楚さを感じさせる色をセレクト

品のよいイメージの紫とピンク、清潔感のあるグリーンとブルーなどを、トーン差を抑えて清楚にまとめて。

Elegant

Color change

第4章　色使いでセルフプロデュース

楽しい   ビビッドな配色を意識して

Fun

ピンクや黄色など明るいトーンを中心に、色数を増やして反対色を入れると楽しくにぎやかな雰囲気に。

Color change

リラックス   ソフトなトーンで統一

Relax

暖かさや甘さのあるソフトな色あい、明るめのナチュラルな色でまとめて、心地よさを感じる配色に。

Color change

春   明るいトーンの配色に

Spring

若草や萌木のイメージに気分がほっとするピンク系をプラスし、おだやかな春の安らぎを表現して。

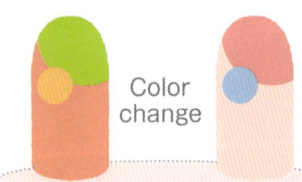

Color change

夏　　ブルー系の色を活用

ブルー系にグリーンを挿入。白を合わせるとすがすがしく、明るいピンクを合わせると元気のある印象に。

Color change

秋　　深い色を挿入する

ブラウンやグリーン系の落ち着いた色に、暖色系のディープな色を加えることでグッと秋らしいイメージに。

Color change

冬　　モノトーンカラーと組み合わせて

グレイッシュな洗練感のある配色がふさわしい季節。暖かなピンクを組み合わせるとやさしい印象に。

Color change

第4章　色使いでセルフプロデュース

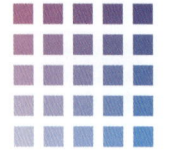

使えるネイルの上級配色テクニック

近似した色でイメージを表現したいときに覚えておくと便利なのが、セパレーション、アクセントカラー、フォ・カマイユの3つの技法。全体を引き締めたりメリハリをつけたりすることができます。

セパレーションでスタイリッシュに

Before → After

ぼんやりした印象の配色を引き締めたいときは、セパレーションが便利。色の境界に別の色を加えることで、グッと印象が変わります。

セパレーションは、近似した色同士の配色では個々の色をきわだたせ、強い色同士の配色では、色の個性をやわらげる効果があります。

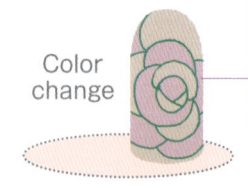

Color change

パステル系のピンク2色をグリーンでセパレーション

―― 手の色に合わせて色を選ぶ ――

黄みの強い手
明るめのベージュやコーラルピンク、アイボリーなど黄みを帯びた色が似合います。

赤みの強い手
ローズピンクやパステルピンク、ソフトホワイトなど青みのあるクールな色が似合います。

アクセントカラーをきかせる

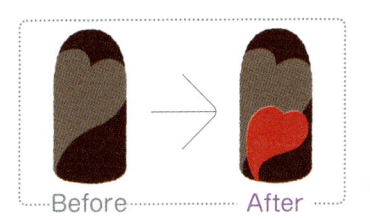

Before → After

小さい面積で変化をつけたいときは、アクセントカラーを取り入れて。メリハリが生まれ、全体を明るい印象にしてくれます。

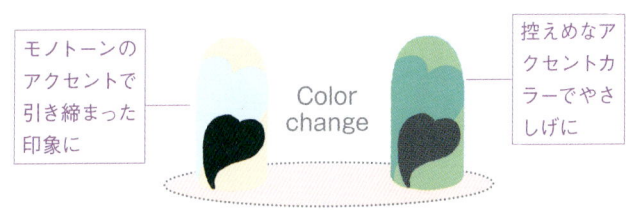

モノトーンのアクセントで引き締まった印象に

Color change

控えめなアクセントカラーでやさしげに

フォ・カマイユでマーブルをつくる

Before → After

類似色系同士のフォ・カマイユをネイルに使うときはマーブル模様がおすすめ。微妙な色の違いが大人っぽい雰囲気を出してくれます。

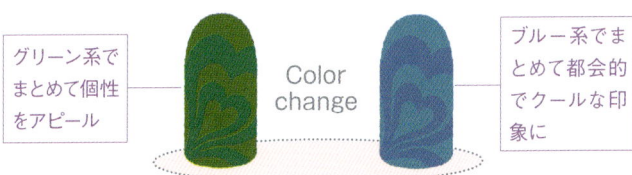

グリーン系でまとめて個性をアピール

Color change

ブルー系でまとめて都会的でクールな印象に

第4章 色使いでセルフプロデュース

ファッションの世界と流行色のしくみ

専門家が集まる委員会で2年前に決まる流行色

ファッションの世界で次に流行する色は、実は2年前に大枠がほぼ決まります。流行色について話し合う国際機関の本部がパリにあり、世界14ヶ国の代表が集まって毎年6月と12月に会議が開かれます。ここで出された30〜40色のトレンドカラーを各国が持ち帰り、日本でも、デザイナーや専門家の意見をもとに、日本独自の流行色の予測がなされます。この予測はファッションメーカーなどに発信され、次シーズンの商品の準備が進められます。ファッション雑誌が打ち出す「今年の色」も、こうした流れの中で決められているのです。

第 5 章 色のパワーで暮らしを楽しむ

プライベートな空間にも、

色の効果を取り入れましょう。

目的や季節に合わせて、

暮らしに彩りを。

インテリアカラーコーディネートのすすめ方

暮らしの中心となる居住空間でも、色の使い方は人の心や行動に変化をもたらします。それぞれの部屋の特性や広さに合わせたカラーコーディネートを理解し、快適な暮らしに役立てましょう。

STEP 「まとまり」か「メリハリ」を選択

インテリアの配色を考えるときは、最初にカラーコーディネートの方向性を決めておくとよいでしょう。まとまりを重視すると落ち着いた雰囲気の空間になり、メリハリを重視するとインパクトのある空間になります。部屋全体を色相の近い色同士で統一してコーディネートするとまとまりが生まれ（類似色相配色）、色相の離れた対照的な色を使ってコーディネートするとメリハリ感が生まれます（対照色相配色）。

まとまりのある部屋

部屋全体をベージュ系の濃淡でまとめている

メリハリのある部屋

ビビッドな赤と青みの紫を組み合わせてメリハリを出している

STEP2 空間別にコーディネート

リビング

　家族がゆったり過ごすリビングは、同系色や類似トーンを使ってまとまり感を出すのがおすすめです。メリハリ感を出したいという人は、同系色でも対照的なトーンを使うと変化がつけられます。

グリーン系でまとめた、明るくさわやかな印象のリビング

異なるトーンの赤やピンク系の同系色でまとめたリビング

キッチン

　家事スペースとして器具や道具が多いので、雑然としないように色数を限定するとまとまりやすくなります。明るく清潔感のある色でまとめ、メンテナンス性や安全性も配慮しましょう。

全体を白で統一し、清潔感のある印象のキッチン

木目の色と白がマッチして、ナチュラルな配色のキッチン

第5章 色のパワーで暮らしを楽しむ

ベッドルーム

　色彩を抑えてファブリックの素材感を生かすなど、心地よく眠る睡眠スペースとして、安らぎを大切にします。心地よいと感じる好みの色彩で、個性を表現するのもよいでしょう。

疲れを癒す効果のあるグリーンを取り入れたベッドルーム

多色使いでも彩度を抑えて、落ち着きを出した個性的なベッドルーム

バスルーム／トイレ

　決して広くはない空間なので、圧迫感がないよう明るい色調を選びましょう。冬に冷たいイメージになりがちな水回りには、ベージュやオフホワイト、暖かみのあるパステルカラーがおすすめ。

白で統一され、光が入ることで明るく清潔な印象のバスルーム

暖かなベージュや、茶色を使用した落ち着きのある配色のトイレ

子ども部屋

子どもの成長や個性に応じたコーディネートが必要です。子どもが小さいうちは、快活さのあるビビッドな配色も効果的。勉強が中心になる時期は、彩度を抑えた落ち着いた配色が理想的です。

コントラストの強い色の小物を組み合わせた、元気な印象の子ども部屋

赤やピンクなどの同系色を使った女の子らしい配色の子ども部屋

暖色と寒色の体感温度

人は暖色（赤・橙・黄）を見ると暖かく感じ、寒色（青系）を見ると涼しく感じます。このことは、実際の体感温度にも関係しています。室温20度に保った赤い部屋と青い部屋を使って実験したところ、体感温度に±2度程度の開きが生じたというレポートがあります。暖色と寒色の作用をインテリアの色使いに生かし、冬は暖色、夏は寒色をアクセントカラーに取り入れてみるのもおすすめです。

第5章 色のパワーで暮らしを楽しむ

STEP3 小物をかえて気分転換

　個性を表現し空間にアクセントをプラスする小物類。小物をかえると、部屋のイメージも変わります。部屋全体とのバランスを心がけながら、小物のカラーコーディネートを実践してみましょう。

クッション・カーテン・ラグ

　カーテンやラグは、部屋の中で壁や床の次に面積が大きいものなので、アソートカラーになります。落ち着きのある色、暖かみのある色など、カーテンやラグに使用した色のイメージがそのまま部屋のイメージになることもあります。

　クッションのような小さなものは、空間にメリハリをつけるアクセントカラーになります。比較的はっきりした色や個性的な色を選ぶと、部屋全体の引き締め効果も期待できます。簡単に取りかえられるので、気分に合わせて色を変えても。

**カーテンが
アソートカラーになっている部屋**

カーテンなど大きな面積を占めるインテリアに暖色系のオレンジを使い、暖かみのある印象になっている

**クッションが
アクセントカラーになっている部屋**

白で統一された中にクッションのアクセントカラーが入り、全体が引き締まって見える

カバーリング

ソファや寝具のカバー類も、比較的簡単に取りかえることができるインテリア小物です。ベッドカバーなど大きめのものをかえると、部屋の印象が変わって気分も変わります。このときには枕カバーやシーツなども同系色で揃えて、まとまり感を演出しましょう。ソファカバーの色をかえるときにも、ラグやテーブルなどの家具とトーンや色相を合わせて、部屋全体の統一感を壊さないようにするのがポイントです。

ベッドスロー（掛け布）やクッションにパステルピンクを使い、暖かさと安心感を演出

床や壁などとトーンを合わせたオレンジのソファカバーを用いて落ち着いた印象に

かんたんプチリフォームグッズで色をプラス

壁や家具を傷めることなく貼ったりはがしたりできるインテリアステッカーや、窓辺のアクセントになるカフェカーテンなどは、ホームセンターなどで入手できます。部屋のプチイメージチェンジを楽しんでみては。

第5章 色のパワーで暮らしを楽しむ

テーブルカラーコーディネートで食事をおいしく

食事の満足感は料理の味はもちろん、食卓の演出や盛りつけ方などによっても違ってきます。料理を引き立てるテーブル周りの色にも気を配って、毎日の食事の時間を豊かにしましょう。

STEP 色と料理の関係

　色は私たちの味覚にさまざまな影響を与えています。たとえば、明るいピンクやオレンジは見た目の甘さを感じさせ、唐辛子や香辛料を連想させるこい赤は辛さ、レモンを連想させるあざやかな黄色は酸っぱさを感じさせることがあります。また、煮汁のようなこい茶色はこってりした味、白や薄い黄色は薄味に感じさせます。

　こうした色の心理効果を利用して、料理をおいしく見せる食卓を演出してみましょう。

料理をおいしく見せる照明

同じ料理でも、違う場所で見るとなんとなくおいしそうに見えたり、その逆に感じることがあります。これは、料理を照らす光の色が関係している場合があります。青白い光の蛍光灯の下では料理はおいしそうに見えないものですが、やわらかい光の白熱灯の下では、料理の赤みや温かみが強調され、食欲を増幅する赤の効果もあって、よりおいしそうに感じられます。こうした照明の効果は、スーパーの生鮮食品売り場やレストランでも利用されています。気分や目的に合わせて、食卓を照らす光の色も上手に使いこなしましょう。

STEP 2 お皿をかえる

　ふと気がつくと、毎日同じお皿で食べていたということはありませんか？　お皿の色や柄が変わるだけで料理の印象が変わり、ひときわおいしそうに見えたり、食欲が刺激されることがあります。

お皿をシンプルにして料理の色を引き立てる

あざやかな色のお皿で料理をカラフルに見せる

お皿を料理と同系色にして素材のよさを印象づける

料理と同系色で濃淡をつけ高級感を演出する

お皿に反対色を使うことでイチゴの赤を引き立てる

お皿も赤にしてイチゴの赤をさらに強調する

第5章　色のパワーで暮らしを楽しむ

　お皿の色は、料理の色と同系で濃淡のある色か、料理の中にある色を選ぶのが基本です。あえて反対色を使い、料理の色を引き立ててもよいでしょう。

　料理をどう見せたいのか、食べる人の好みやそのときの体調などに合わせてお皿をコーディネートすることで、食卓を演出してみましょう。

STEP 3 さらにアイテムをプラスして

お皿の下にランチョンマットを敷くだけで、料理の印象はさらに変わります。アイテムをプラスする際には全体の色相やトーンを合わせ、一部にアクセントカラーを入れるとうまくまとまります。

ランチョンマットやテーブルクロスなどのリネン類は、料理の引き立て役になってくれる便利なアイテムです。気分によって色を変えられるので、元気が出るような明るい色や、食欲がわく暖色系などをいくつか揃えておくと重宝します。

面積の大きいテーブルクロスは暖かみのある色を選び、刺激的な色はなるべく避けましょう。箸、ナイフ、フォークなどのカトラリー類は食器やリネン類と同系色で統一するか、カラフルな色を選んでアクセントにするのもよいでしょう。

STEP 4 目的や季節に合わせて

　テーブルカラーコーディネートの基本は、食卓を囲む人の心地よさを考えたおもてなしの心です。目的にふさわしい演出やお客様の好み、季節感などを取り入れたアレンジを心がけましょう。

第5章　色のパワーで暮らしを楽しむ

デジカメで写真を撮るときは

料理をおいしく見せるのは蛍光灯よりも白熱灯の光ですが、デジカメで料理を撮るときの光源は蛍光灯の方が、相性がよいといわれています。被写体が自然な色あいで写るように調整してくれる「ホワイトバランス」機能を使うと、見た目の色に近いおいしそうな料理写真が撮れます。設定方法は、撮影時に光源のマークに合わせるだけ。電球と蛍光灯など複数の光源が混ざり合うと調整機能が弱まってしまうので、撮影の際は光源をひとつに絞るのもポイントです。

気持ちを込める フラワーカラー コーディネート

記念日やお祝いなどに贈る花は、ラッピングやリボンの配色にも気を配り全体の調和を考えることが大切です。シーンに合わせてメッセージ性のある色を選ぶと、気持ちが伝わって喜ばれます。

花の色の心理効果

　花にはたくさんの色があり、それを見る私たちに、さまざまなメッセージや心理的効果を与えてくれます。赤い花は向上心や勇気、ピンクの花は優しい気持ちや思いやり、青や紫の花は心を落ち着かせ、緑の花は癒しを与えてくれます。

　また淡い花やあざやかな花など、花の色のあざやかさによっても、感じとるイメージが変わってきます。ここでは、色の心理効果をふまえながら、花の色で大切な人にあなたのメッセージを届ける方法を考えてみましょう。

包装紙の選び方

花束を作るときのラッピングやリボンを選ぶときは、基本的にメインの花の色と色相やトーンを合わせて統一感を出すと美しく仕上がります。または、リボンに花の色と対照的なアクセントカラーを選んで変化をつけるのもよいでしょう。

赤・ピンク系

[女性的な"美"を表したイメージ]

赤は人を引きつける美しさ、ピンクは人を和ませる美しさがあり、活動的な女性やかわいらしい女性をイメージさせます。

おすすめの使用シーン
- 赤: 昇進祝い・開業祝い
- ピンク: 出産祝い

オレンジ・イエロー系

[フレッシュで健康的なイメージ]

ビタミンカラーの橙や黄は、人を明るく前向きな気持ちにさせる効果があり、元気や喜びを表現するのに向いています。

おすすめの使用シーン
- 歓送迎会
- 新築祝い

第5章 色のパワーで暮らしを楽しむ

グリーン系
[自然でリラックスしたイメージ]

人の心を和らげおだやかな気持ちにさせてくれる緑は、贈る相手に友好的な感情を示したいときにおすすめです。

おすすめの使用シーン

引越のあいさつ
同僚男性へのプレゼント

ブルー・パープル系
[知的で高貴なイメージ]

誠実な人、気品のある人、尊敬する人に贈りたい色です。相手が男性の場合は、青みを強くすると落ち着きが出ます。

おすすめの使用シーン

結婚記念日
退職祝い

ホワイト系

[無垢で純粋なイメージ]

さわやかで清潔なイメージの白は、生成りのラッピングを合わせると無垢な美しさが引き立ちます。

おすすめの使用シーン

結婚祝い
栄転祝い

第5章 色のパワーで暮らしを楽しむ

バラの品種改良

花の女王と呼ばれ、世界中でカラフルな彩りが楽しまれているバラ。その品種は3万種とも20万種ともいわれています。美しいバラは野生のバラの交配によって作られ、世界中に自生するワイルドローズと呼ばれる約150種の野生種のうち、十数種類が現代バラの親になったとされています。長い歴史のなかで品種改良による育成が進められ、現在のような豊富なバラが誕生したのです。

column

色とりどりの野菜の色は
フィトケミカルから

いろいろな色の野菜を摂って強く丈夫な体に

　野菜や果物には、紫外線などから自分自身を守るためのフィトケミカルという機能性成分が含まれています。その正体は主に、野菜や果物の色素や辛み、香り成分。赤いトマトやスイカのリコピン、唐辛子のカプサイシン、緑色のモロヘイヤやブロッコリーのクロロフィル、紫色のナスやベリー類のアントシアニンなどがよく知られています。これらには強い抗酸化作用があり、私たちの体の中でも活性酸素を取り除いて、免疫力を高めるなどの働きが期待されています。野菜の色を意識しながら、バランスよく食卓にとり入れたいものですね。

第 6 章

パーソナルカラーで得意な色を発見

自分に似合う色を見つけるには、
まず自分自身を
よく観察しましょう。
意外にも相性のよい色が
見つかるかもしれません。

パーソナルカラーチェックシート

あなたの肌・目・髪の色を分析して、似合う色のタイプを見つけ出すのがパーソナルカラーチェックシートです。自分に当てはまると思う方に沿って進み、セルフチェックしてみましょう。

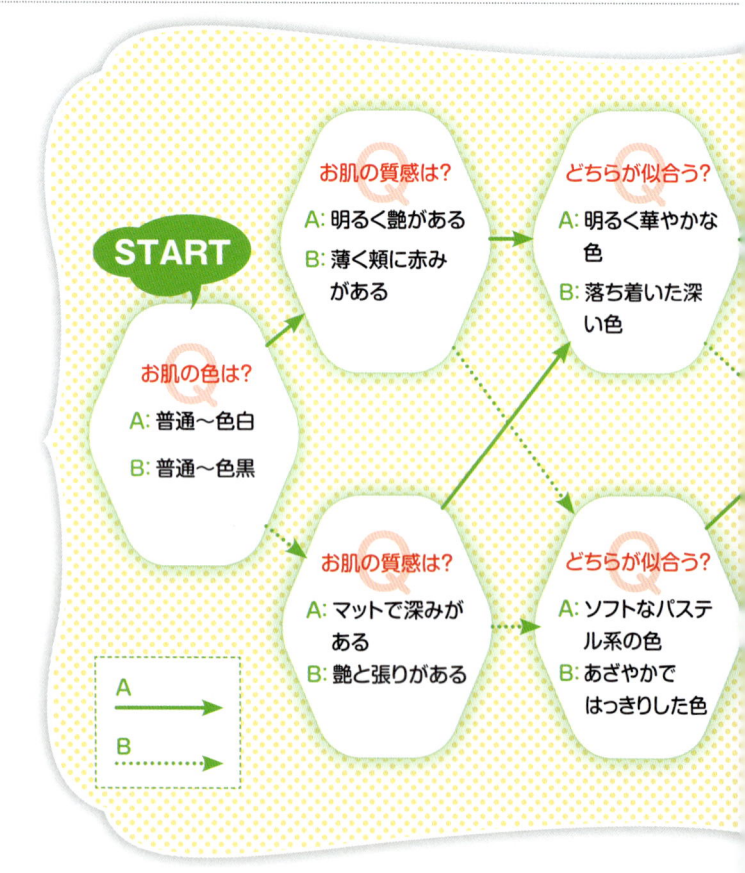

START

お肌の色は?
A: 普通〜色白
B: 普通〜色黒

お肌の質感は?
A: 明るく艶がある
B: 薄く頬に赤みがある

どちらが似合う?
A: 明るく華やかな色
B: 落ち着いた深い色

お肌の質感は?
A: マットで深みがある
B: 艶と張りがある

どちらが似合う?
A: ソフトなパステル系の色
B: あざやかではっきりした色

A →
B ⇢

パーソナルカラーとは

パーソナルカラーとは自分に似合う色のこと。アメリカをルーツとした、主にファッションの世界で使うイメージの色名で、JISなどの体系の色名とは異なるものです。

あなたのパーソナルカラーのタイプは？

Q 瞳の印象は？
- A: キラキラしている
- B: ソフトで優しい

Q どちらの色が似合う？
- A: あざやかな赤
- B: 深みのある赤

Q 瞳の印象は？
- A: 深みのあるブラウン系
- B: 白目と黒目のコントラストが強い

Q どちらのピンクが似合う？
- A: パステル系のローズピンク
- B: あざやかなショッキングピンク

- Spring P.136 へ
- Summer P.140 へ
- Autumn P.144 へ
- Winter P.148 へ

第6章 パーソナルカラーで得意な色を発見

Spring

春に咲く花々や新緑の黄緑のような、明るくあざやかな色が似合うタイプです。華やかで活動的なイメージを生かす、はっきりした透明感のある色あいが、より魅力的に見せてくれます。

ベストカラー

アイボリー	バフ	ライトウォームベージュ	キャメル	ゴールデンタン	ミディアムゴールデンブラウン
ライトウォームグレー	ライトクリアネイビー	ライトクリアゴールド	ブライトゴールデンイエロー	パステルイエローグリーン	ミディアムイエローグリーン
ブライトイエローグリーン	ピーチ	ライトオレンジ	クリアサーモン	ブライトコーラル	ウォームパステルピンク
コーラルピンク	クリアブライトウォームピンク	クリアブライトレッド	オレンジレッド	ミディアムバイオレット	ダークバイオレット
ペリウィンクルブルー	ダークペリウィンクルブルー	ライトトゥルーブルー	ライトウォームアクア	クリアブライトアクア	ミディアムウォームターコイズ

Spring のベストカラーコーディネート

Men
親しみやすいイメージに

肌色の系統がイエローベースなので、明るいイエロー系やベージュ系を中心にまとめるのがポイント。自然で陽気な親しみやすい印象になります。

- ブライトイエローグリーン
- ライトクリアネイビー
- ウォームパステルピンク

- パステルイエローグリーン
- ブライトゴールデンイエロー
- ピーチ

Women
明るくかわいらしく

イエローベースのカラフルな色使いで、元気さとかわいらしさをアピール。新芽や若草のような澄んだ色で、若々しくフレッシュにまとめましょう。

第6章 パーソナルカラーで得意な色を発見

Spring のベストカラーアイテム

Men シャツは暖色を中心に、親しみやすい印象にまとめて。小物は茶系の色や暗めの色を使って全体のバランスをとりましょう。

Shirt&Tie

- シャツ／ピーチ
- ネクタイ／ブライトイエローグリーン

- シャツ／バフ
- ネクタイ／クリアブライトレッド

- シャツ／ライトウォームグレー
- ストール／ライトオレンジ

Watch

- ゴールデンタン
- キャメル

Glasses

- クリアブライトウォームピンク
- ダークバイオレット

Others

- 靴下／クリアブライトアクア
- 靴／ミディアムゴールデンブラウン
- バッグ／ライトクリアネイビー

Women

メイクや爪先もカラフルな色使いを意識して。目元には明るいグリーンやブルーを取り入れて瞳の印象をアップしましょう。

Cosmetic

アイシャドウ／
- ミディアムイエローグリーン
- ブライトコーラル
- ライトウォームアクア
- キャメル

チーク／
- ウォームパステルピンク
- ブライトコーラル

- リップ／オレンジレッド
- リップ／コーラルピンク

Nail

- パステルイエローグリーン
- ペリウィンクルブルー
- ブライトゴールデンイエロー

Accessory

- シュシュ／クリアサーモン
- ネックレス／クリアブライトレッド

Others

- 靴／ライトオレンジ
- 手帳／ライトウォームアクア
- バッグ／ピーチ

第6章 パーソナルカラーで得意な色を発見

Summer

パステル調の淡い色、グレイッシュな色が似合うタイプです。上品でエレガント、優しくソフトなイメージがあり、あじさいのようなグラデーションカラーやラベンダーなどのブルー系が特に映えます。

ベストカラー

ソフトホワイト	ローズベージュ	ココア	ローズブラウン	ライトブルーグレー	チャコールブルーグレー
グレードネイビー	グレーブルー	パウダーブルー	スカイブルー	ミディアムブルー	ペリウィンクルブルー
パステルアクア	パステルブルーグリーン	ミディアムブルーグリーン	ディープブルーグリーン	ライトレモンイエロー	パウダーピンク
パステルピンク	ローズピンク	ローズレッド	ウォーターメロン	ブルーレッド	バーガンディ
ラベンダー	オーキッド	モーヴ	ラズベリー	ソフトフクシャ	プラム

Summer のベストカラーコーディネート

Men
さわやかさを意識して

淡いブルー系の色とモノトーンを合わせると、さわやかで優しい仕上がりになります。男性は、白のコットンシャツとブルージーンズもよく似合います。

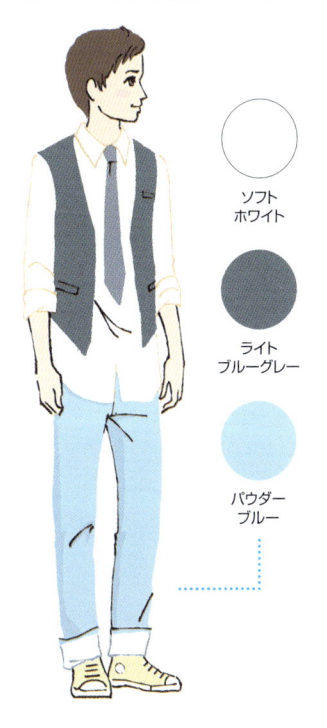

ソフトホワイト

ライトブルーグレー

パウダーブルー

ローズピンク

パステルアクア

ラベンダー

Women
優しく甘い雰囲気に

フェミニンな服装とマッチする、パステル系のロマンティックな配色がよく似合います。ソフトな類似色の組み合わせで、やわらかい雰囲気を心がけて。

第6章 パーソナルカラーで得意な色を発見

Summer のベストカラーアイテム

Men
ブルー系のネクタイに淡い色のシャツを合わせて、ソフトな配色に。小物はグレイッシュな色を選びましょう。

Shirt&Tie

- シャツ／パウダーブルー
- ネクタイ／スカイブルー

- シャツ／パウダーピンク
- ネクタイ／グレードネイビー

- シャツ／ライトブルーグレー
- ストール／ライトレモンイエロー

Watch

- ローズブラウン
- チャコールブルーグレー

Glasses

- バーガンディ
- ミディアムブルー

Others

- 靴下／チャコールブルーグレー
- 靴／グレーブルー
- バッグ／グレードネイビー

Women

目元のメイクは涼しげな色を中心にすっきりした印象をめざして。装飾品やバッグには差し色を使って変化をつけます。

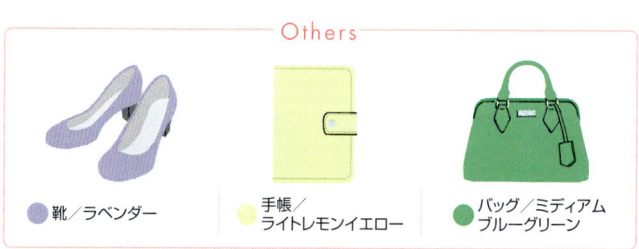

Cosmetic

アイシャドウ／
- ココア
- パステルアクア
- ラベンダー
- パステルブルーグリーン

チーク／
- パウダーピンク
- ローズピンク

リップ／モーヴ

リップ／ラズベリー

Nail

- ライトレモンイエロー
- パステルピンク
- パウダーブルー

Accessory

- シュシュ／オーキッド
- ネックレス／プラム

Others

- 靴／ラベンダー
- 手帳／ライトレモンイエロー
- バッグ／ミディアムブルーグリーン

第6章 パーソナルカラーで得意な色を発見

Autumn

金色の稲穂や紅葉など、秋を感じさせるゴールドベースの深い色が似合います。理知的で洗練されたイメージがあり、深みのあるアースカラーなども渋くおしゃれに着こなせるタイプです。

ベストカラー

オイスターホワイト	ウォームベージュ	コーヒーブラウン	ダークチョコレートブラウン	マホガニー	キャメル
ゴールド	ミディアムウォームブロンズ	イエローゴールド	マスタード	パンプキン	テラコッタ
ラスト	ディープピーチ	サーモン	パーシモンオレンジ	オレンジレッド	ビタースイートレッド
ダークトマトレッド	ライムグリーン	シャルトルーズ	ブライトイエローグリーン	モスグリーン	グレードイエローグリーン
オリーブグリーン	ジェードグリーン	フォレストグリーン	ターコイズ	ティールブルー	ディープウォームパープル

Autumn のベストカラーコーディネート

Men
おだやかで頼れる印象に

渋みや深みのある色の着こなしは、このタイプの真骨頂。深い色みと合わせやすいベージュ系の色でまとめて、知的で頼れる男性のイメージをつくりましょう。

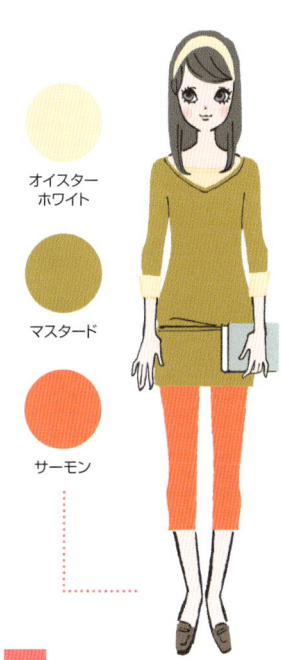

- ラスト
- オリーブグリーン
- ウォームベージュ

- オイスターホワイト
- マスタード
- サーモン

Women
大人の落ち着きをアピール

暖色系の落ち着いた色を使って、大人の女性の着こなしに。オークル系のマットな肌色にマッチする、ナチュラルな配色を心がけましょう。

第6章 パーソナルカラーで得意な色を発見

Autumnのベストカラーアイテム

Men
全体的に深みのある色や茶系の色を中心に選び、ネクタイや靴下などの小さなものにアクセントカラーを使いましょう。

Shirt&Tie
- シャツ／オイスターホワイト
- ネクタイ／オレンジレッド
- シャツ／ティールブルー
- ネクタイ／キャメル
- シャツ／コーヒーブラウン
- ストール／ターコイズ

Watch
- ウォームベージュ
- コーヒーブラウン

Glasses
- キャメル
- フォレストグリーン

Others
- 靴下／イエローゴールド
- 靴／ダークチョコレートブラウン
- バッグ／オリーブグリーン

Women

肌の色とマッチするアースカラーを使って大人っぽいメイクに。リップはヌーディな色もよく似合います。

Cosmetic

アイシャドウ／
- ゴールド
- マホガニー
- ライムグリーン
- グレードイエローグリーン

チーク／
- パンプキン
- サーモン

● リップ／オレンジレッド

● リップ／ディープピーチ

Nail

- コーヒーブラウン
- ディープウォームパープル
- ビタースイートレッド

Accessory

● シュシュ／ジェードグリーン　● ネックレス／ターコイズ

Others

● 靴／ティールブルー　● 手帳／モスグリーン　● バッグ／マスタード

第6章 パーソナルカラーで得意な色を発見

Winter

ビビッドな強い色の組み合わせや、コントラスト感のあるモノトーン配色が似合うタイプです。シャープでクール、都会的なイメージを生かす、色数を抑えたコーディネートがおすすめです。

ベストカラー

ピュアホワイト	ライトトゥルーグレー	ミディアムトゥルーグレー	チャコールグレー	ブラック	グレーベージュ
ネイビーブルー	トゥルーブルー	ロイヤルブルー	ホットターコイズ	チャイニーズブルー	レモンイエロー
ライトトゥルーグリーン	トゥルーグリーン	エメラルドグリーン	パイングリーン	ショッキングピンク	ディープホットピンク
マゼンタ	フクシャ	ロイヤルパープル	ブライトバーガンディー	ブルーレッド	トゥルーレッド
アイシーグリーン	アイシーイエロー	アイシーアクア	アイシーバイオレット	アイシーピンク	アイシーブルー

Winter のベストカラーコーディネート

Men
異なるグレーを使いこなす

得意のモノトーンカラーを、明度を変えて使う上級テクニックでセンスをアピール。このタイプがもつ、きりっとした魅力も引き立ちます。

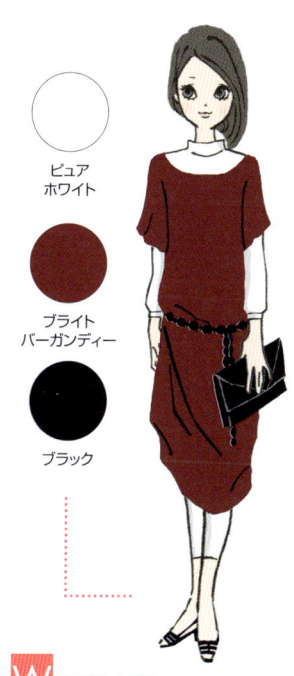

- ピュアホワイト
- ブライトバーガンディー
- ブラック
- トゥルーグリーン
- ライトトゥルーグレー
- チャコールグレー

Women
都会的なセンスを感じさせて

シャープなモノトーンに深みのある色を合わせて、都会的な女性の雰囲気に。さっそうとしたイメージを演出し、かっこよく着こなしましょう。

第6章 パーソナルカラーで得意な色を発見

Winter のベストカラーアイテム

Men
シャツなどはモノトーンカラーを中心に、メガネやストールなど、小物で上手に明るい色を取り入れましょう。

Shirt&Tie

- ○ シャツ／ピュアホワイト
- ● ネクタイ／ロイヤルパープル

- ● シャツ／ブラック
- ● ネクタイ／チャコールグレー

- ○ シャツ／アイシーブルー
- ● ストール／ショッキングピンク

Watch

- ● ブラック
- ● パイングリーン

Glasses

- ● チャコールグレー
- ● トゥルーレッド

Others

- ● 靴下／トゥルーグリーン
- ○ 靴／ピュアホワイト
- ● バッグ／ブラック

Women

コントラストをつけた色選びがポイント。メイクは口元にあざやかな色を使うと、肌の色がより美しく見えます。

Cosmetic

アイシャドウ／
- アイシーバイオレット
- アイシーアクア
- エメラルドグリーン
- ミディアムトゥルーグレー

チーク／
- ショッキングピンク
- アイシーピンク

- リップ／ディープホットピンク
- リップ／トゥルーレッド

Nail

- トゥルーブルー
- ロイヤルパープル
- ブルーレッド

Accessory

- シュシュ／トゥルーブルー
- ネックレス（イヤリング）／レモンイエロー

Others

- 靴／マゼンタ
- 手帳／ネイビーブルー
- バッグ／グレーベージュ

第6章 パーソナルカラーで得意な色を発見

column

パーソナルカラー診断の注意点

Check!

服装や場所に注意して、体調のよい日に実行

　パーソナルカラー診断でなるべく正確な結果を出すためには、自分の肌の色や瞳の印象などを正しく分析する必要があり、いくつかの注意点があります。まず服装ですが、診断に影響しないようにオフホワイトやライトグレイの服を着て、必ずノーメイクで肌の色をチェックします。体調が悪いと肌色も悪くなりますので、体調のよい日に行いましょう。日中に直射日光が当たらない場所を選び、自然光の下で診断します。P.134～135のチェックシートの項目はあくまで目安なので、あまり深く考えすぎず、より近いと思う色を選びましょう。

第7章 自由に使えるカラーチャート200色

誰かに好みの色を伝えたいときや、
ショッピングのお供にも。
気軽に色を楽しむのに
便利なカラーチャートです。

カラーチャート 200色

JIS（日本工業規格）の色を中心に日本語色名、外来語色名を合わせた200色のカラーチャートです。色名と色をひとつひとつ見ていきながら、あなたの配色の世界を思い描いてみましょう。

カラーチャートの使い方

色の解説を読みながら、イメージをふくらませて色名を覚えましょう。チャートを切り取って配色の相性をチェックしたり、ショッピングなどでイメージする色を相手に伝えたり、インテリアコーディネートの配色を決めるときの色合わせに使ったりして、日常のさまざまな場面でご活用ください。

カラーチャートの見方

通し番号 ─ 色の名前 ─ JIS（日本工業規格）の色

13 桃色 | ももいろ JIS
C0 M55 Y25 K0
「ピーチ」とは語源を異にする桃の花のような色。やわらかい赤

CMYKによる表示 ─ 色の解説 ─ JIS系統色名

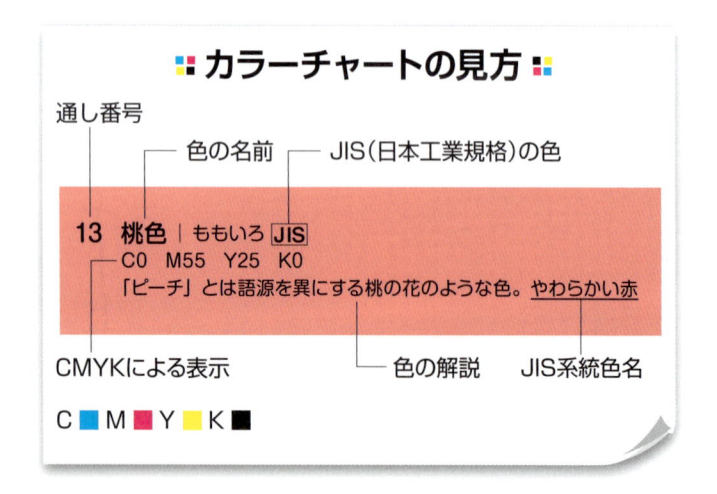

C ■ M ■ Y ■ K ■

1　桜色 | さくらいろ JIS
C0　M7　Y3　K0
平安時代から愛好されている色名。ごくうすい紫みの赤

2　Baby Pink | ベビーピンク JIS
C0　M12　Y12　K0
やさしい色調のため赤ちゃんの衣類によく用いられる。うすい赤

3　Shell Pink | シェルピンク JIS
C0　M15　Y16　K0
桜貝などの貝殻＝シェルに見られる淡いピンク色。ごくうすい黄赤

4　鴇色 | ときいろ JIS
C0　M40　Y10　K0
鴇(とき)の翼の内側の風切羽(かざきりば)や尾羽の色に由来。明るい紫みの赤

5 珊瑚色 | さんごいろ JIS
C0　M42　Y28　K0
装飾品として珍重される珊瑚のような色。明るい赤

6 Pink | ピンク JIS
C0　M40　Y25　K0
英訳は撫子。日本では20世紀以降定着した色名。やわらかい赤

7 Salmon Pink | サーモンピンク JIS
C0　M40　Y40　K0
鮭＝サーモンの身の色に語源をもつ色。やわらかい黄みの赤

8 紅梅色 | こうばいいろ JIS
C0　M48　Y25　K0
平安時代には春を告げる色として愛好された色。やわらかい赤

9 撫子色 | なでしこいろ
C0 M48 Y16 K4
『源氏物語』にも登場する日本古来の色名

10 Rose Pink | ローズピンク JIS
C0 M50 Y25 K0
バラの花にちなんだ色名のひとつ。明るい紫みの赤

11 Old Rose | オールドローズ JIS
C0 M50 Y23 K15
英国のヴィクトリア朝に流行した色。やわらかい赤

12 Coral Pink | コーラルピンク
C0 M52 Y40 K0
19世紀にできた色名。桃色の珊瑚=コーラルを連想させる色

13 桃色 | ももいろ JIS
C0 M55 Y25 K0
「ピーチ」とは語源を異にする桃の花のような色。やわらかい赤

14 Coral Red | コーラルレッド JIS
C0 M42 Y28 K0
工芸品などに使われる赤珊瑚(あかさんご)のような色。明るい赤

15 Cherry Pink | チェリーピンク JIS
C0 M70 Y6 K0
さくらんぼの果実のようなこいめのピンク色。あざやかな赤紫

16 Rose Red | ローズレッド JIS
C0 M78 Y18 K0
くすみのない明るい色調のバラの色。あざやかな紫みの赤

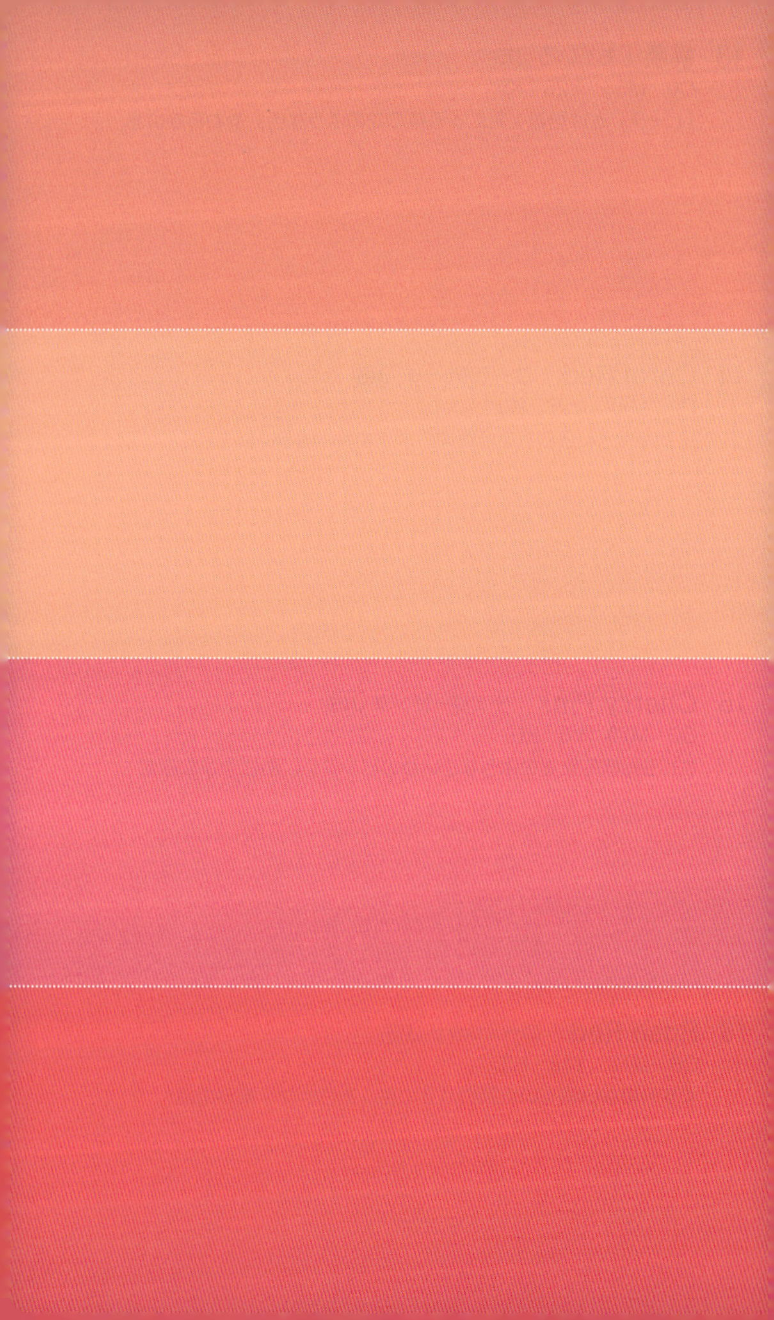

17 躑躅色 | つつじいろ JIS
C0　M80　Y3　K0
赤躑躅の花の色から名づけられた色名。あざやかな紫みの赤

---

18 薔薇色 | ばらいろ JIS
C0　M82　Y42　K0
西洋バラが輸入された明治以降の色名。あざやかな赤

---

19 韓紅 | からくれない JIS
C0　M80　Y45　K0
こい紅色を讃美する際に、雅語として使われる。あざやかな赤

---

20 Red | レッド JIS
C0　M80　Y60　K0
血やルビーのような赤い色の総称。あざやかな赤

21 Poppy Red | ポピーレッド JIS
C0 M85 Y60 K0
赤いヒナゲシの花に見られる色。あざやかな赤

22 Vermilion | バーミリオン JIS
C0 M75 Y75 K0
硫化水銀を主成分とする顔料の色。あざやかな黄みの赤

23 Scarlet | スカーレット JIS
C0 M80 Y75 K0
ペルシャ語の織物の名前が語源とされる。あざやかな黄みの赤

24 Ruby Red | ルビーレッド JIS
C0 M90 Y40 K15
16世紀以来の古い色名。あざやかな紫みの赤

25 Strawberry | ストロベリー JIS
C0　M90　Y40　K10
「ストロベリーレッド」とも。熟した苺のような色。あざやかな赤

26 Signal Red | シグナルレッド JIS
C0　M90　Y65　K0
交通信号機の赤から名づけられた色名。あざやかな赤

27 紅色 | べにいろ JIS
C0　M100　Y65　K10
紅花で染めあげるこい赤。あざやかな赤

28 赤 | あか JIS
C0　M100　Y78　K0
赤い色の総称。「明し」が語源ともされる。あざやかな赤

29 Carmine | カーマイン JIS
C0　M100　Y65　K10
和色名の「真紅」や「深紅」に相当する色。あざやかな赤

30 Magenta | マゼンタ JIS
C0　M100　Y0　K0
印刷インキなどに用いる色料の三原色のひとつ。あざやかな赤紫

31 Cochineal Red | コチニールレッド JIS
C0　M90　Y40　K20
コチニールムシから採った色素で染めた色。あざやかな紫みの赤

32 臙脂 | えんじ JIS
C0　M80　Y52　K30
エンジムシから採った色素で染めた色。つよい赤

33 茜色 | あかねいろ JIS
C0 M90 Y70 K30
多年草の茜の根から得た染料で染めた色。こい赤

34 Terracotta | テラコッタ JIS
C0 M57 Y52 K30
イタリア語で「焼いた土」の意味。くすんだ黄みの赤

35 Wine Red | ワインレッド JIS
C0 M80 Y36 K50
赤ワインのような、赤系統の中でも深みのある色。こい紫みの赤

36 蘇芳 | すおう JIS
C0 M75 Y50 K45
マメ科植物の蘇芳から得られる染料で染めた色。くすんだ赤

37 鳶色 | とびいろ JIS
C0　M65　Y50　K55
鳶の羽の色から名づけられた色名。暗い黄みの赤

38 小豆色 | あずきいろ JIS
C0　M60　Y45　K45
小豆の実のような色。くすんだ黄みの赤

39 Cocoa Brown | ココアブラウン JIS
C0　M45　Y45　K55
ココアのような色。暗い灰みの黄赤

40 弁柄色 | べんがらいろ JIS
C0　M80　Y80　K52
インドのベンガル地方で産出する天然顔料に由来。暗い黄みの赤

41　海老茶 | えびちゃ JIS
C0　M60　Y50　K60
山葡萄の古名「えびかずら」から名づけられた色名。暗い黄みの赤

42　Maroon | マルーン JIS
C0　M80　Y60　K70
フランス語の「マロン」を語源とする茶褐色。暗い赤

43　Chocolate | チョコレート JIS
C0　M60　Y60　K75
チョコレートのような暗い茶色。ごく暗い黄赤

44　Bordeaux | ボルドー JIS
C0　M70　Y50　K75
フランスのボルドー産の赤ワインのような色。ごく暗い赤

45 Chinese Red | チャイニーズレッド JIS
C0　M65　Y75　K0
中国で採れる辰砂の色。あざやかな黄赤

46 朱色 | しゅいろ JIS
C0　M85　Y100　K0
辰砂から作る硫化水銀を主成分とする色。あざやかな黄みの赤

47 Carrot Orange | キャロットオレンジ JIS
C0　M67　Y80　K10
ニンジンのような色。「オレンジ」より赤みが強い。つよい黄赤

48 黄丹 | おうに JIS
C0　M65　Y70　K0
皇太子の礼服の色に制定され、禁色とされていた色。つよい黄赤

49 橙色 /Orange | だいだいいろ / オレンジ JIS
C0　M60　Y100　K0
ミカン科の果物の果皮の色からとられた色名。あざやかな黄赤

50 蜜柑色 | みかんいろ JIS
C0　M55　Y100　K0
蜜柑の果皮のような色。「橙色」よりも黄みが強い。あざやかな黄赤

51 Marigold | マリーゴールド JIS
C0　M50　Y95　K0
夏に花を咲かせるマリーゴールドの花の色。あざやかな赤みの黄

52 柑子色 | こうじいろ JIS
C0　M40　Y75　K0
柑子蜜柑のような色。平安時代からの伝統的な色名。明るい黄赤

53 Golden Yellow | ゴールデンイエロー JIS
C0　M35　Y70　K0
16世紀頃にできたとされる色名。つよい赤みの黄

54 杏色 | あんずいろ JIS
C0　M35　Y55　K0
熟した杏のような色。やわらかい黄赤

55 Peach | ピーチ JIS
C0　M20　Y30　K0
「桃色」は花の色、「ピーチ」は果肉の色を表す。明るい灰みの黄赤

56 肌色 | はだいろ JIS
C0　M15　Y25　K0
古くは「肉色」とも呼ばれた日本人の肌のような色。うすい黄赤

57 Ecru Beige | エクルベージュ JIS
C0　M8　Y20　K4
エクルはフランス語で「生成(きな)りの」という意味。うすい赤みの黄

58 Beige | ベージュ JIS
C0　M10　Y30　K10
フランス語で自然な羊毛の色を指す。明るい灰みの赤みを帯びた黄

59 亜麻色 | あまいろ
C14　M22　Y34　K0
色名は英語の「フラックス」の訳語とされる

60 Grege | グレージュ
C0　M20　Y30　K36
ベージュ系統の中でも、より灰色がかった天然繊維の色

61 Amber | アンバー JIS
C0 M40 Y60 K30
琥珀=アンバーのような黄みを帯びた色。くすんだ赤みの黄

62 Tan | タン JIS
C0 M45 Y70 K30
タンニンでなめした「タン革」のような明るい茶。くすんだ黄赤

63 Raw Sienna | ローシェンナ JIS
C0 M55 Y80 K15
イタリアのシエナ地方で採れる土のような色あい。つよい黄赤

64 代赭 | たいしゃ JIS
C0 M70 Y84 K30
中国で産出する天然顔料「代赭」を語源とする。くすんだ黄赤

65　Burnt Sienna | バーントシェンナ JIS
C0　M67　Y70　K35
シエナ土を焼いて赤みを強くした絵の具の色。くすんだ黄赤

66　煉瓦色 | れんがいろ JIS
C0　M70　Y70　K33
建築などに使われる赤煉瓦の色。暗い黄赤

67　Bronze | ブロンズ JIS
C0　M45　Y80　K45
銅＝ブロンズの色。褐色からくすんだ黄緑までを表す。暗い赤みの黄

68　檜皮色 | ひわだいろ JIS
C0　M60　Y60　K50
平安時代からの色名。檜の樹皮のような色。暗い灰みの黄赤

69 茶色 | ちゃいろ [JIS]
C0 M55 Y70 K55
室町時代には誕生していたとされる色名。暗い灰みの黄赤

70 Brown | ブラウン [JIS]
C0 M40 Y50 K55
「茶色」と同様、赤系から黄系まで幅広い茶を指す。暗い灰みの黄赤

71 栗色 | くりいろ [JIS]
C0 M70 Y80 K65
栗の実の皮のような暗い茶色を表した色。暗い灰みの黄赤

72 焦茶 | こげちゃ [JIS]
C0 M38 Y38 K70
木や土が焦げたときのようなこい茶色。暗い灰みの黄赤

73 Burnt Umber ｜ バーントアンバー JIS
C0　M30　Y50　K65
バートンは「焦げた」という意味。焦げた土の色。ごく暗い赤みの黄

74 Sepia ｜ セピア JIS
C0　M36　Y60　K70
セピアはギリシャ語で「烏賊(いか)」の意。イカ墨の色。ごく暗い赤みの黄

75 Raw Umber ｜ ローアンバー JIS
C0　M30　Y75　K55
ローは「そのままの」という意味。土のそのままの色み。暗い黄

76 朽葉色 ｜ くちばいろ JIS
C0　M27　Y54　K55
朽ちた落ち葉の色。平安中期からの色名。灰みの赤みを帯びた黄

77 Camel | キャメル
C11　M40　Y55　K30
ラクダ＝キャメルの毛のような明るい茶色

78 琥珀色 | こはくいろ JIS
C0　M50　Y75　K30
琥珀のような色。近代になって誕生した色名。くすんだ赤みの黄

79 黄土色 | おうどいろ JIS
C0　M35　Y70　K30
室町時代から使われている古い色名。くすんだ赤みの黄

80 Khaki | カーキー JIS
C0　M25　Y60　K35
元来ヒンズー語で「泥埃(どろぼこり)」の意。軍装色。くすんだ赤みの黄

81 芥子色 | からしいろ JIS
C0　M14　Y70　K25
食品の練り辛子のような色。やわらかい黄

82 小麦色 | こむぎいろ JIS
C0　M42　Y63　K10
熟した小麦の穂のような色。やわらかい赤みの黄

83 刈安色 | かりやすいろ JIS
C0　M3　Y65　K8
イネ科の刈安草で染めた色。うすい緑みの黄

84 Blond | ブロンド JIS
C0　M13　Y50　K5
語源は古ゲルマン語で「明るい色」の意。やわらかい黄

85 Cream Yellow | クリームイエロー JIS
C0 M5 Y35 K0
卵を加えて作るカスタードクリームのような色。ごくうすい黄

86 卵色 | たまごいろ JIS
C0 M20 Y60 K0
主に卵の黄身の色を指す。明るい赤みの黄

87 黄檗色 | きはだいろ JIS
C3 M0 Y70 K0
黄檗の樹皮で染めた色。古来の染料に由来する色名。明るい黄緑

88 Lemon Yellow | レモンイエロー JIS
C0 M0 Y80 K0
カリフォルニア産のレモンのような色。あざやかな緑みの黄

89 Canary Yellow | カナリヤ JIS
C0 M2 Y70 K0
カナリアの羽毛のような色。明るい緑みの黄

90 Naples Yellow | ネープルスイエロー JIS
C0 M18 Y70 K0
ネープルスはイタリア・ナポリのことを指す。つよい黄

91 鬱金色 | うこんいろ JIS
C0 M30 Y90 K0
カレー粉の着色などにも使われる鬱金の根で染めた色。つよい黄

92 山吹色 | やまぶきいろ JIS
C0 M35 Y100 K0
春に黄色い花を咲かせる山吹のような色。あざやかな赤みの黄

93 向日葵色 | ひまわりいろ JIS
C0 M25 Y100 K0
外国語色名「サンフラワー」の訳語。あざやかな黄

94 黄色 | きいろ JIS
C0 M15 Y100 K0
平安時代以降に用いられるようになった色名。あざやかな黄

95 Jaune Brillant/Yellow | ジョンブリアン/イエロー JIS
C0 M13 Y100 K0
ジョンブリアンはフランス語で「輝くような黄色」の意。あざやかな黄

96 Chartreuse Green | シャトルーズグリーン JIS
C20 M0 Y70 K0
フランス産のリキュール「シャトルーズ」が語源。明るい黄緑

97 黄緑 | きみどり JIS
C35 M0 Y100 K0
黄と緑の中間の色。萌え出る若葉のような色。あざやかな黄緑

98 鶸色 | ひわいろ JIS
C5 M0 Y80 K20
小鳥の鶸の羽を連想させる色。つよい黄緑

99 抹茶色 | まっちゃいろ JIS
C10 M0 Y60 K25
抹茶のような色。比較的新しい色名。やわらかい黄緑

100 若葉色 | わかばいろ JIS
C28 M0 Y52 K10
みずみずしい若葉の色。やわらかい黄緑

101 Leaf Green | リーフグリーン JIS
C40 M0 Y80 K12
木の葉の色に由来する。「若葉色」より緑みが強い。つよい黄緑

102 萌黄 | もえぎ JIS
C38 M0 Y84 K0
草木の若芽のような色。「萌木」とも書く。つよい黄緑

103 Grass Green | グラスグリーン JIS
C30 M0 Y70 K48
日本の「草色」。草＝グラスの葉のような色。くすんだ黄緑

104 鶯色 | うぐいすいろ JIS
C3 M0 Y70 K50
鶯の羽毛の色に似た色。江戸時代以降の色名。くすんだ黄緑

105 Moss Green | モスグリーン
C25　M13　Y75　K46
渋みのあるくすんだ色。日本の「苔色(こけいろ)」に近い色あい

106 Olive | オリーブ JIS
C0　M10　Y80　K70
オリーブの実のような色。18世紀にできた色名。暗い緑みの黄

107 Olive Green | オリーブグリーン JIS
C20　M0　Y75　K70
オリーブの実が熟す前の色。17世紀からの色名。暗い灰みの黄緑

108 海松色 | みるいろ JIS
C0　M0　Y50　K70
海松(みる)とは海藻の一種。江戸時代に愛好された色。暗い灰みの黄緑

109 松葉色 | まつばいろ JIS
C33　M0　Y60　K40
松の葉の色。松は縁起のよい色とされている。くすんだ黄緑

110 深緑 | ふかみどり JIS
C95　M0　Y65　K60
樹木の茂みなどを形容する色。対語は「浅緑(あさみどり)」。こい緑

111 Billiard Green | ビリヤードグリーン JIS
C85　M0　Y55　K60
ビリヤード台の色にちなんだ色名。暗い青みの緑

112 Bottle Green | ボトルグリーン JIS
C80　M0　Y70　K65
アルコールのボトルなどに見られる、ガラスびんの色。ごく暗い緑

114 萌葱色 | もえぎいろ JIS
C80 M0 Y65 K50
葱の芽のような色。歌舞伎の定式幕（3色の幕）の1色。暗い緑

---

115 常磐色 | ときわいろ JIS
C82 M0 Y80 K38
松や杉などの常緑樹の葉の色。英語の「エバーグリーン」。こい緑

---

116 緑青色 | ろくしょういろ JIS
C57 M0 Y60 K40
石緑で作る古来からの顔料の色。くすんだ緑

117 Forest Green | フォレストグリーン JIS
C70　M0　Y55　K33
樹木が群生する広大な森林地帯を象徴する色。くすんだ青みの緑

118 Viridian | ビリジアン JIS
C80　M0　Y60　K30
ラテン語で緑を表す「ヴィリディス」が語源。くすんだ青みの緑

119 Malachite Green | マラカイトグリーン JIS
C90　M0　Y85　K10
孔雀石=マラカイトでつくられた緑色顔料の色。こい緑

120 Green | グリーン JIS
C82　M0　Y80　K0
草=グラスや、成長する=グロウを語源とする。あざやかな緑

121 緑 | みどり JIS
C70 M0 Y70 K0
草木の葉の色。植物一般を指す言葉としても使われる。明るい緑

122 Emerald Green | エメラルドグリーン JIS
C80 M0 Y72 K0
宝石のエメラルドのような色。つよい緑

123 Cobalt Green | コバルトグリーン JIS
C70 M0 Y60 K0
酸化コバルトを主原料とする顔料の色。明るい緑

124 若竹色 | わかたけいろ JIS
C60 M0 Y55 K0
若竹のような色。対語は、くすんだ緑を表す「老竹色」。つよい緑

125 Mint Green | ミントグリーン JIS
C45 M0 Y50 K0
ミントの葉の色。ハッカ酒「ペパーミント」が語源。明るい緑

126 Apple Green | アップルグリーン JIS
C40 M0 Y55 K0
青リンゴの果皮のような色。やわらかい黄みの緑

127 水色 | みずいろ JIS
C30 M0 Y10 K0
英語の「アクアブルー」に相当する。うすい緑みの青

128 Baby Blue | ベビーブルー JIS
C30 M0 Y5 K0
「ベビーピンク」より歴史が古い乳幼児服の標準色。明るい灰みの青

129 **甕覗き** | かめのぞき JIS
C40　M0　Y15　K0
ごくうすい藍染の青を指す伝統色。やわらかい緑みの青

130 **空色 /Sky Blue** | そらいろ / スカイブルー JIS
C40　M0　Y5　K0
晴天の青い空の色。英語名は「スカイ」と略されることも。明るい青

131 **勿忘草色** | わすれなぐさいろ JIS
C48　M10　Y0　K0
初夏に青い花を咲かせる勿忘草(わすれなぐさ)の色。明るい青

132 **新橋色** | しんばしいろ JIS
C57　M0　Y20　K8
明治から大正頃、芸者衆に流行した着物の色。明るい緑みの青

133 青磁色 | せいじいろ JIS
C57　M0　Y40　K10
中国から伝わった青磁のような色。やわらかい青みの緑

134 水浅葱 | みずあさぎ JIS
C40　M0　Y20　K30
江戸時代の囚人服の色ともいわれている。やわらかい青緑

135 Saxe Blue | サックスブルー JIS
C60　M0　Y3　K40
18世紀以降、西洋の藍染の名として広まった色。くすんだ青

136 Hyacinth | ヒヤシンス JIS
C60　M30　Y0　K0
ヒヤシンスの中でも青紫の花の色を指す。くすんだ紫みの青

137 露草色 | つゆくさいろ JIS
C73 M21 Y0 K0
夏に可憐な花を咲かせる露草(つゆくさ)の花のような色。あざやかな青

138 縹色 | はなだいろ JIS
C70 M20 Y0 K30
藍染の代表的な青。別名「花田(はなだ)色」。つよい青

139 Turquoise Blue | ターコイズブルー JIS
C80 M0 Y20 K0
トルコ石＝ターコイズのような色。明るい緑みの青

140 Nile Blue | ナイルブルー JIS
C70 M0 Y40 K20
ナイル川の水の色に象徴される色。くすんだ青緑

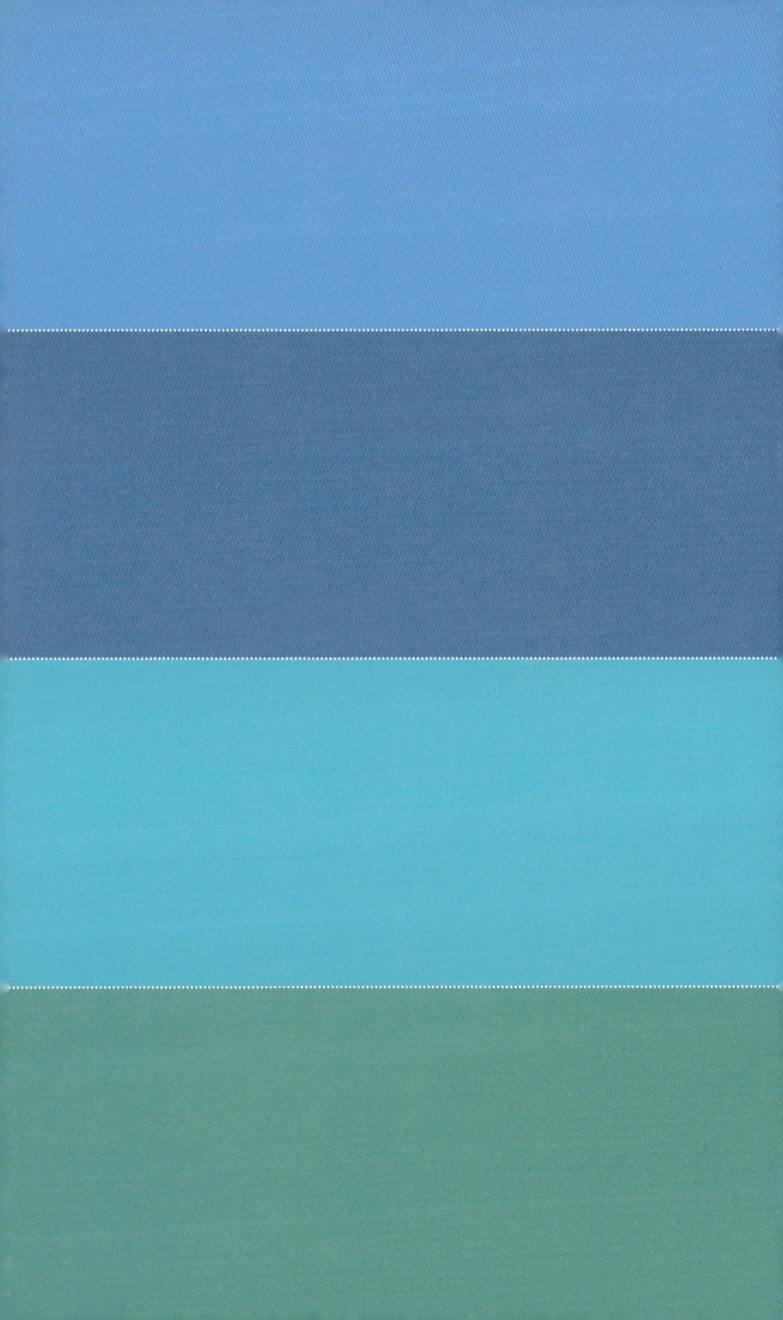

141 浅葱色 | あさぎいろ JIS
C82 M0 Y30 K11
葱の若芽のような色。あざやかな緑みの青

142 Peacock Green | ピーコックグリーン JIS
C90 M0 Y50 K0
孔雀＝ピーコックの羽の色に含まれる緑。あざやかな青緑

143 Cerulean Blue | セルリアンブルー JIS
C80 M0 Y5 K30
スズ酸コバルトから製する顔料や絵の具の色。あざやかな青

144 納戸色 | なんどいろ JIS
C82 M0 Y25 K40
納戸の暗がりの色を表すなど由来は諸説ある。つよい緑みの青

145 青緑 | あおみどり JIS
C90 M0 Y55 K0
青みを帯びた緑。あざやかな青緑

146 Marine Blue | マリンブルー JIS
C100 M0 Y15 K50
水夫服や水兵服のような色。こい緑みの青

147 Cobalt Blue | コバルトブルー JIS
C100 M50 Y0 K0
アルミン酸コバルトを主成分とする顔料などの色。あざやかな青

148 Blue | ブルー JIS
C100 M40 Y0 K0
澄んだ海のような色。地球を象徴する色でもある。あざやかな青

149 青 | あお JIS
C100　M3　Y0　K10
海や青空の色。赤、緑とともに光の三原色のひとつ。あざやかな青

150 Cyan | シアン JIS
C100　M0　Y0　K0
マゼンタ、イエローとともに色料の三原色のひとつ。明るい青

151 杜若色 | かきつばたいろ JIS
C80　M70　Y0　K0
紫の杜若の花のような色。あざやかな紫みの青

152 群青色 | ぐんじょういろ JIS
C75　M58　Y0　K0
青の集まりを意味する色名。こい紫みの青

153 瑠璃色 | るりいろ JIS
C90 M70 Y0 K0
宝石の瑠璃のような色。こい紫みの青

154 紺色 | こんいろ JIS
C80 M60 Y0 K50
「紺」は藍染の最もこい色。暗い紫みの青

155 Navy Blue | ネービーブルー JIS
C70 M50 Y0 K70
英国海軍の制服の色に由来する色名。暗い紫みの青

156 Midnight Blue | ミッドナイトブルー JIS
C80 M50 Y0 K80
真夜中=ミッドナイトの闇のような色。こく暗い紫みの青

157 Iron Blue | アイアンブルー JIS
C80 M50 Y0 K50
顔料の成分の鉄に由来するとされる色名。暗い紫みの青

158 藍色 | あいいろ JIS
C70 M20 Y0 K60
世界最古の染料といわれ、日本でも歴史がある藍染の色。暗い青

159 Oriental Blue | オリエンタルブルー JIS
C90 M75 Y0 K0
中国の呉須染付による陶磁器の色。こい紫みの青

160 Ultramarine Blue | ウルトラマリンブルー JIS
C82 M70 Y0 K0
ウルトラマリンは「海を越えて」という意味。こい紫みの青

161 紺藍 | こんあい JIS
C75 M70 Y0 K25
紺色がかった藍色。比較的新しい色名。こい青紫

162 桔梗色 | ききょういろ JIS
C75 M70 Y0 K0
桔梗の花のような色。秋を感じさせる伝統的な色名。こい青紫

163 藤納戸 | ふじなんど JIS
C60 M55 Y0 K10
「納戸色」が、紫みを帯びた色。つよい青紫

164 菖蒲色 | しょうぶいろ JIS
C70 M82 Y0 K0
紫の花を咲かせる菖蒲のような色。あざやかな青みの紫

165 Violet | バイオレット **JIS**
C65 M75 Y0 K0
菫の花のような色。あざやかな青紫

166 菫色 | すみれいろ **JIS**
C65 M72 Y0 K0
「バイオレット」よりもやや赤みがつよい。あざやかな青紫

167 江戸紫 | えどむらさき **JIS**
C60 M72 Y0 K12
江戸で染められたことから名づけられた色名。こい青みの紫

168 鳩羽色 | はとばいろ **JIS**
C20 M30 Y0 K30
鳩の羽のような色。「鳩羽鼠」とも呼ばれる。くすんだ青紫

170 古代紫 | こだいむらさき JIS
C35 M63 Y0 K32
近世の「江戸紫」や「京紫」に対し誕生した色名。くすんだ紫

171 紫 | むらさき JIS
C52 M80 Y0 K0
紫草の根の紫根で染めた色。あざやかな紫

172 Mauve | モーブ JIS
C50 M70 Y0 K0
モーブはフランス語で「葵」のこと。つよい青みの紫

173 Purple | パープル JIS
C45 M65 Y0 K0
帝王の紫衣など権力を象徴する色として使われた。あざやかな紫

174 Heliotrope | ヘリオトロープ JIS
C50 M57 Y0 K0
ヘリオトロープは淡い紫色の花をつける植物。あざやかな青紫

175 Wistaria | ウイスタリア JIS
C50 M45 Y0 K0
ウイスタリアは藤の英語名。藤の花のような色。あざやかな青紫

176 藤色 | ふじいろ JIS
C30 M25 Y0 K0
「ウイスタリア」よりも古い平安時代からの色名。明るい青紫

177 Lavender | ラベンダー JIS
C23 M30 Y0 K5
ラベンダーの花のような色。灰みの青みを帯びた紫

178 Lilac | ライラック JIS
C20 M30 Y0 K0
ライラックの花に由来する18世紀に定着した色名。やわらかい紫

179 Orchid | オーキッド JIS
C15 M40 Y0 K0
オーキッドは蘭のこと。蘭の花のような色。やわらかい紫

180 菖蒲色 | あやめいろ JIS
C20 M60 Y0 K0
「菖蒲色(しょうぶいろ)」と混同されるが、こちらは菖蒲(あやめ)の花の色。明るい赤みの紫

181 牡丹色 | ぼたんいろ JIS
C3 M77 Y0 K0
白や赤の花が開く牡丹の中でも、赤紫の花の色。あざやかな赤紫

182 赤紫 | あかむらさき JIS
C0 M75 Y0 K0
赤みを帯びた紫色。あざやかな赤紫

183 白/White | しろ/ホワイト JIS
C0 M0 Y1 K0
最も明るい無彩色。光を100%反射する完全な白は存在しない。白

184 Snow White | スノーホワイト JIS
C3 M0 Y0 K0
雪のような白。「白」や「ホワイト」より少し青みがかった色。白

185 生成り色 | きなりいろ JIS
C0 M0 Y5 K3
染色や加工をしていない糸や生地の色。赤みを帯びた黄みの白

186 Ivory | アイボリー JIS
C0 M1 Y12 K5
象牙=アイボリーのような色。黄みのうすい灰色

187 Pearl Grey | パールグレイ JIS
C0 M0 Y5 K30
天然の真珠=パールのような銀色の光沢を含む色。明るい灰色

188 銀鼠 /Silver Grey | ぎんねず/シルバーグレイ JIS
C0 M0 Y0 K43
銀から光沢を取り除いたような色。明るい灰色

189 茶鼠 | ちゃねずみ JIS
C0 M10 Y15 K45
江戸時代に流行した四十八茶百鼠(しじゅうはっちゃひゃくねず)のひとつ。黄赤みの灰色

190 Rose Grey | ローズグレイ JIS
C0 M10 Y20 K50
「ローズ」は赤いバラの花の色を意味する。赤みの灰色

191 利休鼠 | りきゅうねずみ JIS
C12 M0 Y20 K60
茶人の千利休にちなんだ色名。緑みの灰色

192 鼠色 | ねずみいろ JIS
C0 M0 Y0 K55
鼠(ねずみ)の体毛のような色。江戸時代の無彩色を代表する色。灰色

193 Grey | グレイ JIS
C0　M0　Y0　K65
無彩色で白と黒の中間の色。灰色

194 灰色 | はいいろ JIS
C0　M0　Y0　K68
灰のように薄黒い色。灰色

195 煤竹色 | すすたけいろ JIS
C0　M30　Y30　K72
煤けて茶色がかった竹の色。赤みを帯びた黄みの暗い灰色

196 Slate Grey | スレートグレイ JIS
C5　M5　Y0　K75
スレートは屋根瓦に用いられる粘板岩のこと。暗い灰色

197 黒茶 | くろちゃ JIS
C0 M40 Y50 K85
黒みを帯びた茶色。「焦茶」よりも黒みが強い。黄赤みの黒

198 Charcoal Grey | チャコールグレイ JIS
C5 M15 Y0 K83
チャコールは木炭のこと。日本の「消炭色」。紫みの暗い灰色

199 Lamp Black | ランプブラック JIS
C0 M10 Y10 K100
ランプの油煙でできる煤の黒。炭素を原料とする黒色顔料の色。黒

200 黒 /Black | くろ / ブラック JIS
C30 M30 Y0 K100
最も暗い無彩色。光を100%吸収する完全な黒は存在しない。黒

column

平安時代の美しい色使い、かさねの色目

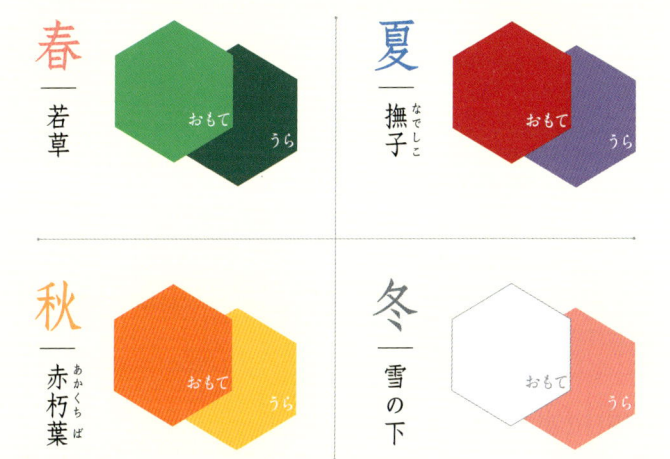

春 — 若草
おもて / うら

夏 — 撫子(なでしこ)
おもて / うら

秋 — 赤朽葉(あかくちば)
おもて / うら

冬 — 雪の下
おもて / うら

日本独特の美意識が感じられる繊細な配色美

　あわせ仕立ての衣の表地と裏地を重ね合わせた「かさねの色目」は、平安時代の雅な色彩感覚を伝える日本の伝統的な色使いです。平安時代の人々は衣の重なりに季節の移ろいを表現し、たくさんの配色を生み出しました。例えば濃青と淡青のかさね「若草」は寒さの中に若草が萌え始める春の配色、淡紫と紅のかさね「撫子」は撫子の可憐な花が咲く夏の配色です。あざやかな秋の紅葉を表す「赤朽葉」、降り積もった雪の合間から顔をのぞかせる紅梅を表した白と紅梅の「雪の下」など、自然の姿をかさねに映し出して楽しみました。

監修者プロフィール
桜井輝子（さくらいてるこ）
東京カラーズ株式会社代表取締役。
人に役立つ色彩の提案、企業向けのカラーコンサルティングや研修、大学・専門学校での色彩学講師、色彩教材の企画制作などを行う。
日本色彩学会正会員、AFT認定色彩講師、東京商工会議所カラーコーディネーター検定試験認定講師（2級・3級）、国際カラーデザイン協会カラーデザインマスター、インテリアコーディネーター。

■ 東京カラーズ株式会社
http://www.tokyo-colors.com
■ 桜井輝子Facebook
https://www.facebook.com/teruko.sakurai

ナツメ社Webサイト
http://www.natsume.co.jp
書籍の最新情報（正誤情報を含む）は
ナツメ社Webサイトをご覧ください。

イラスト
蛯原あきら

デザイン・DTP
小田直司（ナナグラフィックス）

執筆協力
達弥生

写真協力
株式会社サンゲツ
ディノス（0120-343-774）

編集協力
株式会社童夢

編集担当
梅津愛美（ナツメ出版企画株式会社）

参考文献
『日本の269色』（小学館）

色選びの基本とセンスが身につく！
配色イメージ手帳
2014年5月5日　初版発行

監修者	桜井輝子	Sakurai Teruko,2014
発行者	田村正隆	

発行所　**株式会社ナツメ社**
　　　　東京都千代田区神田神保町 1-52 ナツメ社ビル 1F（〒101-0051）
　　　　電話　03-3291-1257（代表）　　FAX　03-3291-5761
　　　　振替　00130-1-58661

制　作　**ナツメ出版企画株式会社**
　　　　東京都千代田区神田神保町 1-52 ナツメ社ビル 3F（〒101-0051）
　　　　電話　03-3295-3921（代表）

印刷所　図書印刷株式会社

ISBN 978-4-8163-5580-6　　　　　　　　　　　　　　Printed in Japan
定価はカバーに表示してあります。落丁・乱丁本はお取り替えします。
本書の一部または全部を著作権法で定められている範囲を超え、ナツメ出版企画株式会社に無断で複写、複製、転載、データファイル化することを禁じます。